高等学校公共体育课程教材

大学太极拳教程

（第二版）

DAXUE TAIJIQUAN JIAOCHENG

主　编　于善安　胡志麟

高等教育出版社·北京

内容简介

本书共三章。第一章太极拳概述，主要介绍了太极拳的起源、发展，运动形式及特点，太极拳的健身价值以及24式简化太极拳的创编和特点；第二章24式太极拳教学，对学习内容进行重新分割和组合，以降低学习难度，并逐步完成动作技能的学习和知识技能的内化整合；第三章太极拳探研，是作者在多年太极拳练习的基础上，对切身体悟和心得的高度概括和总结。

本书除了基础知识和套路教学以外，还增加了知识拓展、网站链接、疑难解答、传统文化欣赏、练习题等内容。

本书适合作为高等学校相关课程的教材，也可供有兴趣的社会读者参考阅读。

图书在版编目(CIP)数据

大学太极拳教程/于善安，胡志麟主编.—2版.—北京：高等教育出版社，2019.8（2025.7重印）
ISBN 978-7-04-052513-7

Ⅰ.①大… Ⅱ.①于… ②胡… Ⅲ.①太极拳-高等学校-教材 Ⅳ.①G852.11

中国版本图书馆CIP数据核字(2019)第168233号

策划编辑 张晶晶 **责任编辑** 张晶晶 **封面设计** 张文豪 **责任印制** 高忠富

出版发行 高等教育出版社
社　　址 北京市西城区德外大街4号
邮政编码 100120
印　　刷 上海叶大印务发展有限公司
开　　本 850 mm×1168 mm 1/32
印　　张 5.125
字　　数 110千字
购书热线 010-58581118
咨询电话 400-810-0598
网　　址 http://www.hep.edu.cn
http://www.hep.com.cn
网上订购 http://www.hepmall.com.cn
http://www.hepmall.com
http://www.hepmall.cn
版　　次 2015年8月第1版
2019年8月第2版
印　　次 2025年7月第8次印刷
定　　价 25.00元

物 料 号 52513-00

本书编委会

主　编　于善安　胡志麟

副主编　张胜利　张业飞　邬立民

编　委（姓氏笔画为序）

王　芒　王继来　史　强　刘　琴

刘顺敏　刘晓莉　任　健　孙志国

朱有宏　李　君　陈兴升　杨　俊

郑芝伟　姜燕萍　赵长海　顾铁俊

徐　强　韩　琳　彭玲群　熊伟生

摄　像　江广耀

序

PREFACE

太极拳是东方体育的典型代表，也是我国优秀的民族文化遗产，揉辩证理论思维与武术、艺术、中医等于一体，作为中华民族传统文化的瑰宝，被誉为世界第一健身运动。它与强调人与外界的对立与抗争、向人体极限挑战的 西方体育不同，太极拳更强调技与艺的完美组合，更加注重内外兼修，追求身与心、机体与自然以及自身机体的平衡协调之整体效益的价值观，处处体现着中华民族传统体育的特点和优势，同时也闪烁着民族文化的光辉。

太极拳以中国传统儒、道哲学中的太极、阴阳辩证理念为核心思想，集颐养性情、强身健体、技击对抗等多种功能为一体，是高层次的人体文化。早在两百多年前，太极拳的古老歌诀中就提出："详推用意终何在？延年益寿不老春"。我国古代人民就已经认识到太极拳的健身养生价值。越来越多的实验研究证明，长期练习太极拳可以提高人体神经、免疫、呼吸、循环、运动、消化系统的功能，调节人体生理机能，治疗生理疾病。此外，太极拳中正安舒、心静体松的运动特点，使其在改善人体心理健康方面具有西方体育无可比拟的优越性。现代研究表明，太极拳锻炼可以治疗抑郁、焦虑、睡眠障碍等心理疾病。对快节奏和充满压力的现代社会来说，太极拳无疑是一剂心理良药。太极拳运动强度适中，老少皆宜，是终身体育的上佳选择。在高校中开展太极拳课程，可以在提高大学生生理和心理健康水平的同时，为其终身体育打下坚实的基础。

练习太极拳不但可以强身健体，防身自卫，更为称道的是其教育功能。太极拳讲究体悟，在精益求精的身体练习中不断发掘技术内涵，练习太极拳也是参悟人生哲理、培养品德、提高人的精神修为的过程，达到“德”与“艺”的统一。太极拳是我国民族文化的精髓，融合了中华民族的历史、哲学、美学、中医、兵学等文化形态，同时又集技击、健身、修身、养生、娱乐、观赏、趣味于一体，是中华民族个性的绽放。练习太极拳，同时也是在阴阳哲学思想的指导下，在随屈就伸、以柔克刚技击理念的引领下，在刚柔、虚实、动静、疾徐等矛盾运动中领略中国传统文化的魅力。所以，海内外众多人士在练习太极拳的同时开始认识中国传统文化，并在练习太极拳的同时进一步领略、探究中国传统文化。

伴随着全球化进程的加速，西方体育以强势文化姿态成为我国体育的主流，民族体育渐渐地被挤到了寂寞的角落，有些项目甚至面临灭绝的危机。民族文化的流失成为政府和社会共同关注的问题，因此，许多民族体育项目被列入非物质文化遗产名录。在高校大学生中开展太极拳课程，不但是提高学生的健康水平、培养品德品质的重要工具，还是传承民族文化、弘扬民族精神的重要载体。高校作为培养新世纪人才的主流阵地，也应该责无旁贷地承担起传承民族文化的重任。

序

民族传统体育在高校的开展和传承，不是保守地继承和墨守成规地照搬。因时制宜，改革创新，做到可持续发展才是高校民族传统体育的未来发展之路。因此，本书编写的宗旨是以普及性强、受众面广的24式太极拳为起点进行高校体育教学改革，利用现代科技服务于传统体育教学，以此来探索民族传统体育在高校的传承、发展。

本书利用现代化信息技术，结合太极拳的教学特点，制作了24式太极拳教学视频，并配有二维码链接，学习者可以扫码观看。这些视频资料，增加了学习的趣味性，满足了学习者的需求，实现了传统与现代的结合。

我们敏锐地觉察到传统体育在高校开展的重要性和紧迫性，并根据时代发展和高校体育教学的特点对本书的内容和形式提出了明确的要求，使本书更符合当代高校大学生的学习需要。此外，编委们协同配合，为本书的顺利出版做了大量工作。对编委会的辛勤工作表示感谢，同时希望他们再接再厉，编写出更好更多的图书，为高校体育教学做出更大贡献。是为序。

编者

2019年8月

目录
CONTENTS

第一章　太极拳概述

第一节　太极拳释义

“太极”一词源出《易传·系辞》，书中写道：“易有太极，是生两仪，两仪生四象，四象生八卦，八卦定吉凶，吉凶生大业。”“太”就是大的意思，“极”就是开始或顶点的意思。这里的太极是指万物之源之意。宋代周敦颐的《太极图说》也有：“无极而太极。太极动而生阳，动极而静，静而生阴，静极复动。一动一静，互为其根；分阴分阳，两仪立焉。”“无极而太极”，并非说太极从无极产生，而是“太极本无极”之意。太极图是我国古代人的一种最原始的世界观，太极阴阳学说是中国古代哲学的重要理论基础。

图 1–1　太极图

太极拳运用了中国古代的中医经络学说和阴阳学说，要求“以意引气，以气运身”，内气发源于丹田，以腰为主宰发力于全身。各式各派传统太极拳也皆以太极阴阳学说来概括和解释拳法中的各种矛盾变化。

太极拳还结合了古代导引、吐纳之术。讲究意念引导动作，气沉丹田，心静体松，重在内壮，把拳术中的手、眼、身、步的协调配合，与导引、吐纳有机地结合起来，这就使太极拳成为内外统一的拳术运动。

拳术和太极学说的结合，逐步形成了太极拳术。太极拳这个名称也是因为拳法变幻无穷，用中国古代的“太极”“阴阳”这种哲学理论来解释拳理而被命名的。

然而，太极拳并非从产生之初就称为太极拳。太极拳最初有很多名称：有叫“十三式”的，有叫“长拳”的，还有叫“软拳”“柔拳”“沾绵拳”的。以“太极拳”一词来命名，是在民国初年发现的《太极拳论》(后考证为武术家王宗岳所著)后，王宗岳在文中提出：“斯技旁门甚多，虽势有区别，概不外乎壮欺弱，慢让快耳！有力打无力，手慢让手快，是皆先天自然之能，非关学力而有为也。”作者还指出，只有虚实并用，阴阳相济，以柔克刚，四两拨千斤，才是上乘功夫，为此必须通晓太极阴阳变化之理。王宗岳以太极阴阳学说命名太极拳，主要是这种拳法理通天地，无比高深；也表示太极拳充满变化，虚实莫测，无比奇妙。此后，“太极拳”的名称才被正式确定下来。

第二节　太极拳的起源和发展

一、太极拳的起源

太极拳是由何人、何时所创，一直为世人所关注，主要有两种说法。

一种说法是张三丰创拳说，认为太极拳是由宋代张三丰所创。传说一次他受皇帝召见，途中遇强盗拦阻，夜梦武当山神授以拳法，杀退百余贼人，从而创编了太极拳。也有人认为张三丰为元末明初人，在武当山修道炼丹过程中，观察蛇雀之争，探索龟鹤长寿之秘，由此创编了太极拳。张三丰创拳之说尽管流传广泛，但缺乏确切的史料证据，不足为信。

另一说法认为，太极拳最早由明末清初河南温县陈家沟的陈王廷所创。根据现代史实材料，明末清初太极拳已经在河南农村流传开展，名师辈出，尤以温县陈家沟为中心，代表人物是陈王廷和蒋发。武术史家唐豪先生根据陈氏家谱、拳谱以及陈王廷遗诗考证，判断陈王廷就是太极拳的创编者。从陈王廷的遗词，可以了解当时的一些情况：

“叹当年，披坚执锐……几次颠险！蒙恩赐，枉徒然！到而今，年老残喘，只落得《黄庭》一卷随身伴，闷来时造拳，忙来时耕田，趁余闲，教下些弟子儿孙，成龙成虎任方便。”

近几年，经相关专家反复考证，认定河南温县陈家沟为太极拳发源地，陈王廷为太极拳的创始人。2007 年 8 月，国家体育总局在河南省温县陈家沟举行了“中国武术太极拳发源地”的揭牌仪式。至此，关于太极拳起源的争论尘埃落定。

太极拳虽是由陈王廷所创，却是在以往历代武术名家成果的基础上，融会了多人的智慧，汲取了诸多民间拳法，才创编产生的。

据《温县志》记载：在明崇祯十四年（1641）陈王廷任温县“乡兵守备”。明亡后他隐居家乡，晚年造拳自娱，教授弟子儿孙。陈王廷为明末秀才，是卓有创见的武术家，他研究道家的《黄庭经》，参照了戚继光的《拳经》创编了太极拳。《拳经》综合吸收了明代各家拳法。戚继光是明代著名武术家、抗倭名将，他总结和整理了明代 16 家民间著名拳法，并吸取了其中 32 势编成拳套，陈王廷吸收了其中 29 势编入太极拳套路，甚至陈氏的《拳谱》和《拳经总歌》的文辞也仿照戚氏《拳经》。从陈氏拳谱可以看出，太极拳很多势名、歌诀与明代戚继光所编“32 式长拳”相同，可见《拳经》对太极拳的影响之深。

太极拳的创编还吸取了古典阴阳哲理、中医经络理论以及道家养生理论。太极拳的原名“十三势”，含有八卦、五行之意。陈王廷遗诗中谈到“《黄庭》一卷随身伴”，《黄庭经》是道家养生修炼的经典之一。太极拳的练习要领多处与中国古代“导引”“吐纳”等养生理论和技法相一致，从中可以看出太极拳最初的理论渊源。

二、太极拳的发展

太极拳在发展过程中，经众多太极名家不断发展创新，理论和技术逐步完善，内容逐渐丰富，流派逐渐形成，习练人群不断扩大，最终形成了今天遍布世界之势。

（一）开拓创新，流派纷呈

近一百多年来，太极拳得到了空前的发展，技术不断演变，内容不断丰富，逐渐形成了很多流派。主要有：陈式太极拳、杨式太极拳、孙式太极拳、吴式太极拳、武式太极拳五大派系，誉称为“五式太极拳”。

1. 陈式太极拳

由陈王廷所创的最早的太极拳，后人称之为陈式太极拳。

陈式太极拳的锻炼原则和练法要求：意、气、身三者密切配合，以意行气，源动腰脊，旋腰转脊，节节贯穿。在推手中以缠绕黏随为主，“纵放曲伸人莫知，诸靠缠绕我皆依”，在黏贴缠绕过程中，运用“掤、捋、挤、按”等法则，借力制动，舍已从人，听劲懂劲，发劲制敌。

图 1-2　陈王廷画像

图 1-3　杨露禅

2. 杨式太极拳

从陈王廷至以后的一百多年间，太极拳（即现在所说的陈氏太极拳）一直只在陈家沟流传。19 世纪初，河北永年人杨露禅拜陈家沟陈长兴为师，学习了太极拳，并带回原籍，不久又到北京推广。为了适应清朝“玉体不动”的显贵达官和体弱年迈者的体质，扩大传习范围，适应保健需要，杨露禅删改陈式老架中的发劲、跳跃和难度较高的动作，创编成一套架势宽舒、动作圆润的“绵拳”套路。后其子杨健侯修改为中架子，其孙杨澄甫再修订为大架子，改变了陈式太极拳原有的风格特点。经杨露禅及其子、孙三代人和弟子们的辛勤努力，逐步定型拳架、构建理论、完善体系，形成了现在广为流行的杨式太极拳。

杨式太极拳拳架舒展简洁，结构严谨，身法中正，动作和顺，刚柔内含，轻松自然，轻灵沉着兼而有之，姿势开展，平正朴实，练法简易，由松入柔，积柔成刚，刚柔相济。正如杨澄甫所说：“太极拳是柔中寓刚，绵里藏针的艺术。”其架势有高、中、低之分。

3. 吴式太极拳

吴式太极拳是在杨式太极拳的基础上发展创新而来的，始于满族人全佑。全佑先得杨露禅、杨班侯父子真传，又吸取陈、杨两家拳法精华，从而技艺精湛，深得太极之真谛。他将两者互相吸取融合，再经其子吴鉴泉数十年融合和拓展，形成了一种以柔化为主，拳架紧凑，拳法细腻，轻灵圆活的新架，遂以吴式命名以别于其他太极拳法。

图1-4　吴鉴泉

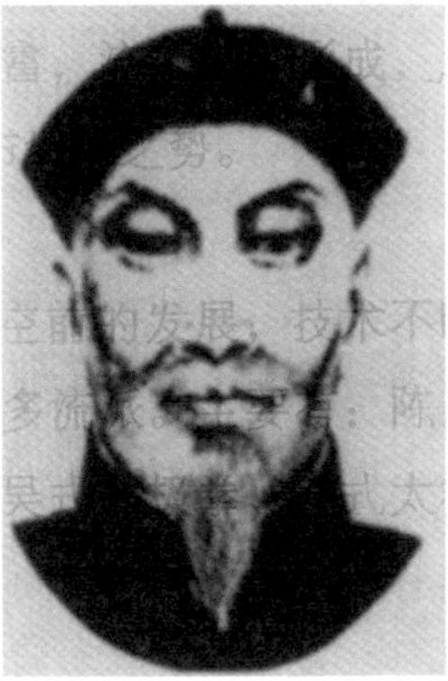

图1-5　武禹襄

4．武式太极拳

河北永年人武禹襄从杨露禅学陈式老架，又从陈清平学习新创套路，从而创造了武式太极拳。民国初年，武禹襄创编的武氏太极拳在北京流传。武式太极拳简洁紧凑，立身中正，朴实添秀，动作柔缓，幅度较小，如干枝老梅。

5．孙式太极拳

民国初年，形意、八卦名师孙禄堂，随武式太极拳名家郝为真学习太极拳。后来孙禄堂参合三家之长，另创造了架高步活动太极拳，姿势参取杨式，理论兼采形意，形成孙式太极拳。其特点是动作小巧，

图1-6　孙禄堂

步法灵活，进退相随，所以又称为活步太极拳。

此外，1928 年，陈式太极拳传人和兆元的长孙和庆喜开门传授“和式太极拳”，此拳在我国西北地区影响较大。

相关网站链接

1. 陈家沟太极网

http：//www.chenjiagou.net/

2. 中国杨式太极拳网

http：//www.yongniantaiji.com/index_cn.htm

3. 尚武太极网（陈式洪派太极拳）

http：//www.shangwutaiji.com/

（二）繁荣昌盛，走向世界

新中国诞生后，太极拳这株武苑中的奇葩更加绚丽多姿。

1953 年，在全国民族形式体育表演及竞赛大会上，太极拳第一次在新中国大型体育活动中亮相。

1956 年后，国家体委相继组织创编了 24 式“简化太极拳”、48 式太极拳，修订了杨式 88 式太极拳、32 式太极剑、太极推手练习法等；还创编了五大流派太极拳竞赛套路，用于全国武术锦标赛的 42 式太极拳和 42 式太极剑竞赛套路。24 式太极拳的推出，使太极拳走进大众健身，成为太极拳运动史上一个划时代的革新。

1978 年，邓小平同志为日本友人题词“太极拳好”，使太极拳在世界产生了更广泛的影响，更多的海外宾朋到中国学习太极拳。

1982年，全国首届武术对抗项目散打、太极推手表演赛在北京举行，太极推手从此成为对抗项目进入竞赛。

1986年，国家体委将太极拳、太极剑、太极推手列为全国正式比赛项目，并决定每年举行一次比赛。

1987年9月，在日本横滨举行的首届亚洲武术锦标赛上，太极拳被列为正式比赛项目。

1988年4月，日本武术太极拳联盟组织日本百名太极拳爱好者到北京参加中日太极拳比赛交流大会。日本成为中国以外开展太极拳运动最广泛的国家。

1990年国际武术联合会成立，翌年举办了首届世界武术锦标赛，将太极拳列为比赛项目。此后，各洲举办的武术锦标赛中也都设立了太极拳项目。

1995年6月，国务院颁布实施了《全民健身计划纲要》，此后太极拳成为练习人数最多的健身运动项目之一。

1998年10月，为了纪念邓小平同志题词“太极拳好”20周年，中国武术协会等单位组织了天安门广场万人太极拳表演，万人同场演练了24式太极拳，产生了良好的影响。

1998年天安门广场万人表演太极拳

2000年，国际武术联合会执委会会议通过决议，将每年的5月定为“世界太极拳月”，得到了各成员国家和地区的热烈响应，掀起世界性的太极拳热潮。

2003年9月28日，由北京市体育局主办的“魅力北京、人文奥运，万里长城（居庸关）万人太极拳表演”活动在北京居庸关长城举行。此项活动也是北京奥组委首届文化节系列活动之一。

2008年，北京奥运会期间的武术比赛中，太极拳为正式比赛项目之一。

（三）24式太极拳创编及特点

“24式太极拳”又称“简化太极拳”，是1956年国家体委运动司武术科编创的，这套拳是按照由简到繁、由易到难的原则，对已在群众中流行的杨式太极拳进行改编整理的。该套路改变了过去那种先难后易的锻炼程序，集中了原有套路中的主要结构和技术系统，突出了群众性和健身性，易学易懂，便于掌握。全套分为8个小组，包括起势、收势共24个动作，练习者可连贯练习，也可根据身体情况选择单势或分组练习。

24式太极拳相对于传统的太极拳具有自己的特点：①内容简练，全部内容选自传统杨式太极拳，但套路长度只有传统套路的1/4至1/3，这样动作相对简单，易于推广；②按由简而繁、由易到难的原则编排，体现了由浅入深、循序渐进的教学原则；③内容尽量减少重复，保留了传统太极拳的主要技术内容及基本规格要领，同时又避免了动作重复的现象；④增加了左右对称的练习动作。

知识拓展

太极拳主要系列活动

国际太极拳年会

国际太极拳年会，是由地方人民政府举办的国际性太极拳界学术理论研讨、技术交流切磋的会节形式活动，宗旨是促进太极拳的普及与发展，增进国际国内太极拳届的团结和友谊。1992年至1994年每年一届，之后每两年一届。年会举办的前几届，由国家武术协会、国家武术运动管理中心批准，河南省旅游局、河南省体育局主办，焦作市人民政府协办，温县人民政府承办。自1992年至1998年的前五届（1992、1993、1994、1996、1998）年会在太极拳发祥地温县举行。2000年第六届年会由河南省体育局、旅游局主办，焦作市人民政府承办，温县人民政府协办，在焦作市举行，改名为“中国·焦作（温县第六届）国际太极拳年会”。从2002年起，该赛事由国家武术协会、国家武术运动管理中心批准改名为“中国·焦作第二届国际太极拳年会”，由河南省体育局主办，焦作市人民政府承办。2005年第三届又更名为“中国·焦作国际太极拳交流大赛”，成为固定的国际太极拳盛会。

世界太极拳健康大会

世界太极拳健康大会是为了更好地弘扬中华优秀传统文

化，宣传、推广和普及太极拳这一科学健康的体育健身运动，倡导科学健身观念，促进中外文化交流而举办的赛事，每四年一届。2001年3月21日至26日由国家体育总局武术运动管理中心、海南省三亚市人民政府和中国武术协会共同主办，三亚市武术协会、三亚市旅游投资有限公司和海南南山旅游发展有限公司承办的“首届世界太极拳健康大会”在三亚隆重举行。2005年12月18日至20日由国家体育总局武术运动管理中心、中国武术协会、海口市人民政府、海南省文化广播电视出版体育厅主办，海口市文化体育局、海南世锦文化体育产业股份有限公司承办，旨在“团结、友谊、健康、和平”为主题的“中华龙”第二届世界太极拳健康大会在海南省海口市举行。第七届大会于2018年11月10日至12日在广东省佛山市举行。

第三节　太极拳的运动形式及特点

一、太极拳的运动形式

太极拳运动包括套路、功法、推手三种形式。

（一）套路

套路是指由很多动作按固定程序衔接组成的、包括起势和收势在内的连贯系列动作。套路是太极拳的主要内容，在教学中也是以套路为主。此外，套路的演练风格还是区别各式太极拳的主要依据。

（二）功法

太极拳的功法练习指以太极拳的基本独立动作为内容，以单一练习为形式，以提高身体某种能力或健康水平为目标的专门练习总和。如“太极桩功”“太极养生功十三势”等。

（三）推手

太极推手是太极拳徒手对抗练习，又称推手、打手、揉手等，是以提高攻防技巧、对抗能力和反应能力为目的的双人对抗性的操练或竞技比赛，包括单推手、双推手、定步推手、活步推手等多种形式。

太极推手主要是训练习拳者触觉神经，使其能够敏锐感知对方力的变化（俗称“听劲”），化解对方的推力，然后借力发力将对方推出。太极推手与太极拳套路是体与用的关系，互相补充，相得益彰。推手主要使用掤、捋、挤、按、采、挒、肘、靠等手法。太极推手遵循沾连黏随、不顶不丢（不脱离）的原则。推手时两人手臂相搭，按一定的程序相互推挽，周而复始，双方力争牵制对方，使其失去平衡，趁势将对方发放出去。太极推手充分体现了“以静制动”“刚柔相济”“欲刚先柔欲扬先抑”“以柔克刚”“知己知彼”“舍己从人”“引进落空”等东方哲理。

二、太极拳的运动特点

（一）心静体松

心静体松是太极拳的运动特点之一。太极拳要求思想专一，心理安静，用意念引导动作。“心静”是指练拳时要排除一切杂念，注意力要集中。“体松”是指在练拳时，身体肌肉处于一种放松状态，使身体自然舒展，不得用僵力。

（二）中正安舒，松柔连贯

太极拳要求立身中正安舒，松柔连贯。姿势松展圆满，身体肌肉、关节不可僵硬，动作缓慢；还需要连贯，即动作连绵不断。而柔的前提是要放松，在此基础上，使两臂的姿势及运动路线都保持弧形，如行云流水，悠缓流畅，连绵不断。

（三）动作、呼吸和意念相配合

初学太极拳时要保持自然呼吸，练习到一定程度时，须将动作、呼吸和意念相配合。太极拳的呼吸一般都是与动作相配合的，即起吸、落呼，开吸、合呼。如起势、收势动作，两臂向上抬起时吸气，下落时呼气；两手张开时吸气，合时为呼气。另一种呼吸方式为，凡是一个动作完成时为呼气，过渡动作为吸气，还可以理解为，向外进攻的动作为呼气，进攻前的动作为吸气。无论哪一种呼吸方式都应力求自然。

太极拳动作与意念的配合，关键是练拳时要排除一切杂念，把注意力集中到动作上。以意识引导动作，做到“意领身随”。

（四）动作圆活，周身协调

太极拳动作大多走弧形或螺旋形，动作圆活，周身协调，转折圆润和顺，衔接自然。头、眼、脚、躯干要互相配合，整个身体要和谐地组成一个整体。

（五）轻灵沉着，刚柔相济

太极拳动作“迈步如猫行，运劲如抽丝”，轻灵沉着，刚柔相济，柔而不软，刚而不硬，富于韧性、弹性。即使发力动作，也要做到刚中有柔，充满弹性。

第四节　太极拳的健身价值

一、太极拳锻炼对神经系统的影响

练太极拳时，首先要求全神贯注，不存有杂念，即要“心静意定”。这样，在意识的支配下，人的意念始终集中在动作上，排除了大脑其他思绪的干扰，专注于指挥全身各器官系统机能的变化和协调动作，使神经系统受自我意念控制的能力得到提高。其次，练习动作需要“完整一体”，从眼神到上肢、躯干、下肢，上下不散，前后连贯，绵绵不断。练习太极拳，还能使大脑的兴奋与抑制过程合理交替，避免神经系统过度紧张，可以消除疲劳，对体内、外刺激的反应更迅速，更准确，使头脑更清醒，思维更敏捷。

自 1989 年 5 月至 1990 年 5 月期间，北京中医药大学对年龄在 18～68 岁的 90 人，在武术教师指导下开展了为期 1 年的简化太极拳锻炼。1 年后，受试人群中植物神经处于正常平衡状态者由原来的 60.2％增加到 84.6％。可见，太极拳锻炼具有调整自主神经，使练习者由不平衡状态转移为平衡状态的作用。

二、太极拳锻炼对心血管系统和呼吸系统的影响

一般的体育运动，多半是将肌肉紧绷，成等长收缩，组织血管被压扁，阻力增大，而且运动中，血流量增加，心脏收缩的做功增加。太极拳则不然，轻灵松软，肌肉成自然放松状态，血管通畅性更好，运动时，心脏反而做功减少。太极拳动作还包括了有节律的呼吸运动。太极拳动作舒展，练习时身体不紧张，而且要求有意识地使呼吸与动作适当配合，这样可以使呼吸自然，呼吸的效果就会增加，肌肉的活动保证了静脉血液回流，呼吸运动同样也加速静脉的回流，这也就更好地加速了血液与淋巴系统的循环，加强了心肌的营养。

太极拳很多动作、姿势要求气向下沉，即所谓“气沉丹田”，这是一种横膈式呼吸，它在医疗与保健上都有作用。此外，这种横膈的运动又可给肝脏以规律性的按摩，是消除肝脏淤血、改善肝脏功能的良好方法。所以，经常练习太极拳，对预防心脏各种疾病、强壮心肌，提高肺的通气和换气功能，增加肺活量都有很好的作用。

有一组对比实验：将 100 名高血压病患者随机分成两组，实验组以太极拳运动处方练习加小剂量服用降压药物，对照组按原有的运动形式练习加小剂量服用降压药物。按运动处方练习 20 周后，对两组病患者的血压进行前后对比，降压幅度实验组明显高于对照组。

雷芗生等测定了 39 名中老年太极拳练习者安静时和定量负荷后即刻的肺活量，结果表明太极拳锻炼可使肺通气量得

到提高。

三、太极拳锻炼对免疫系统的影响

通过对12名年龄在60岁以上、参加5周晨练太极拳的老年人，和未参加任何健身活动的12名60岁以上老年人进行比较研究，结果显示，运动组T淋巴细胞功能显著性升高，对照组T淋巴细胞功能有明显下降趋势，这表明太极拳运动可以提高老年人的T淋巴细胞免疫功能。

四、太极拳锻炼对运动系统的影响

太极拳对锻炼和改善人的骨骼、肌肉及关节活动有很突出的作用。太极拳练习起来四肢关节随着躯干的运动均匀柔和地上下、左右、内收外展、划弧转圈，可以增大肌肉收缩、伸展幅度，可使关节囊、韧带和肌腱增厚与加强，伸展性增加，关节范围因而加大，灵活而又牢固。太极拳的动作不同于其他拳术，它要求肢体动作处处带有弧形，避免直来直往，这是符合了人体各关节自然弯曲状态。太极拳螺旋式的弧形动作使全身各部肌肉群和肌肉纤维都能参加活动，经过反复地缠绕绞转，使肌肉能拉长到一般运动所不能达到的长度，使肌肉匀称丰满，柔韧而富有弹性，并增加收缩能力。

太极拳的动作缓慢柔和，强调以腰为轴和身体重心的转移，动静结合的姿势控制运动；全身性协调的运动，上下前后，左旋右转，每日持续性地舒展筋骨，缓和均匀地运动，对身体平衡也有巨大的帮助。

由于肌肉的收缩对骨骼的牵拉作用以及新陈代谢的加强，骨的血液供给得到改善，使骨的形态结构和性能都发生良好的变化，骨质也变坚固，这就提高了骨的抗折、抗弯、抗压缩和抗扭转方面的性能，不易发生变形和畸形。

在相关的试验中：受试者53人，其中太极拳组28人，进行太极拳运动已3年以上；对照组25人，没有从事太极拳练习。经过3年跟踪研究发现，太极拳组的血清钙、磷浓度多年来始终较为稳定，这对于维持老年人神经—肌肉组织正常的兴奋性是很有意义的，而此时的骨矿含量，骨密度并未发现明显下降现象。骨密度测定结果则显示出太极拳组的优势，明显优于对照组。①

五、太极拳锻炼对消化系统的影响

练习太极拳还可以预防并治疗某些因神经系统机能紊乱而产生的消化系统的疾病（运动、分泌、吸收的紊乱）。太极拳的呼吸运动对胃肠道起着机械刺激的作用，也能改善消化道的血液循环，因此可以促进消化作用和能量代谢，提高消化吸收，对防治消化不良、慢性肠炎等慢性疾病效果良好，对消化系统起到一定的保健和改善作用，对提高对各种疾病的抵抗能力，尤其是对体弱和有某些慢性病的患者，更是一种较好的体疗手段。

① 王忠山. 习太极拳老人骨健康状况的多年追踪研究 [J]. 体育科学，2000（1）: 79—81.

六、太极拳锻炼对心理的影响

在相关实验中，实验前对104名女大学生进行心理问卷测试，然后随机抽取52名女大学生进行为期18周的中等强度的太极拳锻炼，其频率为每周3次，每次1小时左右；对照组不参加太极拳锻炼及其他项目的体育运动。18周后再次进行抑郁和焦虑状况测试，对测试所得的数据进行变量统计学分析。

结果显示，太极拳组与对照组之间，实验前抑郁和焦虑的测试结果都没有显著性的差异；经过18周锻炼后，太极拳组的女大学生其抑郁和焦虑程度显著降低，说明太极拳锻炼能明显地降低女大学生的抑郁和焦虑水平。①

第五节　太极拳的身体姿势

一、头部

练习太极拳时，对头部姿势的要求是很严格的。要求练习者头向上顶，避免颈部肌肉硬直，更不要东偏西歪或自由摇晃。头颈动作应随着身体位置和方向的变换，与躯干的旋转上下连贯协调一致。面部要自然，下颏向里收回，口自然

① 毛红妮，袁丽，罗名花. 太极拳锻炼对女大学生抑郁与焦虑水平的影响[J]. 新西部（下半月），2008（8）：232.

合闭，舌上卷舔住上颚。眼神要随着身体的转动，注视前手（个别时候看后手）或平视前方，既不可皱眉劝目，也不要随意闭眼或精神涣散。打拳时，神态力求自然，注意力集中。

二、肩

太极拳要求在松肩的前提下沉肩，两臂由于肩、肘的下坠会有一种沉重的内劲感觉，这就是上肢内在的遒劲。两肩除下沉之外，还要有些微向前合抱的意思，这能使胸部完全涵虚，使脊背团成圆形。

三、胸背

太极拳要领中指出，“含胸拔背”或者“含蓄在胸，运动在两肩”，意思是说在锻炼过程中要避免胸部外挺，但也不要过分内缩，应顺其自然。“含胸”与“拔背”是互相联系的，背部肌肉随着两臂伸展动作，尽量地舒展开，同时注意胸部肌肉要自然松弛，不可使其紧张，这样胸就有了“含”的意思，背也有了“拔”的形式，从而也可以免除肋间的紧张，呼吸调节也自然了。

四、臂部

太极拳术语中讲“沉肩垂肘”，做手臂的动作时，两肘除了下坠之外，还要求臂部始终保持一定的弧度，使劲力贯串到上肢手臂。这样才能做到既有节奏又能连绵不断，处处带有弧形。

五、手

太极拳要求手部“舒指坐腕”。舒指，即掌指自然伸直；坐腕是腕关节向手背、虎口的一侧自然屈起。掌的动作是整体动作的一部分，许多掌法都是与全身动作连在一起的，手屈伸翻转要轻柔灵活，与全身的动作完整一气。

六、腰脊

人们在日常生活中，行、站、坐、卧要想保持正确的姿势，腰脊起着主要作用。在练习太极拳的过程中，身体要求端正安舒，不偏不倚，腰部起着重要的作用。过去有人说：“腰脊为第一之主宰”“腰为车轴”等，都说明了如果腰部力量中断或在身体转动中起不了作用，就不可能做到周身完整一气。练习时，无论是进是退或旋转，凡是由虚而逐渐落实的动作，腰部都要有意识地向下松垂，以帮助气的下沉。注意腰腹不可用力前挺，以免影响转换时的灵活性。这样腰部向下松垂，可以增加腿部力量，使下盘得到稳固，使动作既圆活又完整。在配合松腰的要领当中，脊椎骨要根据生理正常姿态竖起，不可因松腰而故意后屈、前挺或左右歪斜，以致造成胸肋或腹部肌肉的无谓紧张。通过腰部维护身体的重心，能使动作既轻灵又稳定。可见，腰脊确是练太极拳的第一主宰。

七、臀部

练太极拳时要求“敛臀”，这是为了避免臀部凸出而呈现出来的身体的自然形态。练习太极拳应注意臀部自然下垂，不要左右扭动。在松腰、正脊的要求下，臀部肌肉要有意识地收敛，以维持躯干的正直。总之，敛臀和顶头的要求一样，应用意识调整，不是用力去控制。

八、腿部

在练习太极拳的过程中，进退的变换、发劲的根源和周身的稳定，主要在于腿部。因而在锻炼时，要特别注意重心的移动、脚放的位置和腿弯曲的程度。腿部活动时，首先要求胯和膝关节放松，这样可以保证进退灵便。脚的起落，要轻巧灵活；前进时脚跟先着地，后退时脚掌先着地，然后慢慢踏实。

注意腿的虚实。所谓腿部动作的虚实就是身体重心落在哪一条腿上，如身体重心在右腿为实，左腿为虚；身体重心在左腿则左腿为实，右腿为虚。但是，为了维持身体平衡，虚脚还要起着支点的作用。

知识拓展

太极拳说十要

“太极拳说十要”是由杨式太极拳名家杨澄甫口述、陈微明笔录的太极拳的经典理论，它总结了太极拳主要基本技术方法，可以作为练习太极拳的主要技术标准和依据。其条目如下：

1. 虚领顶劲
2. 含胸拔背
3. 松腰
4. 分虚实
5. 沉肩坠肘
6. 用意不用力
7. 上下相随
8. 内外相合
9. 相连不断
10. 动中求静

相关网站链接

1. 太极拳网

http：//www.cntaijiquan.com/

2. 中国太极拳网

http：//www.cntjq.net/

3. 太极网

http：//www.taiji.net.cn/

4. 中华太极拳网

http：//www.zhtjq.com/

5. 我乐太极网

http：//www.56taiji.com/

6. 世界太极拳网

http：//www.tjqworld.com/

7. 中国太极论坛

http：//www.taijiclub.net/

练习题

1. 太极拳起源于（　　）。

A. 元末明初　　B. 宋代　　C. 明末清初

2. 太极拳的创始人是（　　）。

A. 张三丰　　B. 陈王廷　　C. 王宗岳

3. 太极拳的名称（　　）于太极拳的产生。

A. 同时　　B. 早　　C. 晚

4. 太极拳第一次在新中国大型体育活动中亮相是在（　　）。

A. 1953 年　　B. 1954 年　　C. 1956 年

5. 太极拳的五大流派有：陈式、杨式、孙式、吴式、（　　）。

A. 李式　　B. 郭式　　C. 武式

6. 杨式太极拳源于（　　）太极拳。

A. 陈式　　B. 吴式　　C. 孙式

7. 杨式太极拳的创始人是（　　）。

A. 杨班侯　　B. 杨建侯　　C. 杨露禅

8. 1998 年，为纪念邓小平题词“太极拳好”（　　）周年，天安门广场举行万人太极拳表演。

A. 三十　　B. 二十　　C. 四十

9. 1998 年，天安门广场举行万人太极拳表演，演练是（　　）太极拳。

A. 48 式　　B. 40 式　　C. 24 式

10. 世界太极拳月是（　　）。

A. 5 月　　B. 9 月　　C. 10 月

11. 太极拳的运动包括套路、功法、(　　)三种形式。

A. 推手　　B. 散打　　C. 对练

12. 24 式太极拳是(　　)年创编完成的。

A. 1958　　B. 1956　　C. 1954

13.《24 式简化太极拳》是根据(　　)拳架编成的。

A. 吴式　　B. 杨式　　C. 孙式

14. 下面不是太极拳运动特点的是(　　)。

A. 中正安舒，松柔连贯

B. 体松心静

C. 放长击远

15. 太极拳在锻炼时，要求(　　)、呼吸和动作三者密切配合。

A. 意识　　B. 意念　　C. 感觉

16. 太极拳运动中对肩的要求是(　　)。

A. 耸肩　　B. 沉肩　　C. 提肩

17. 太极拳运动中对手臂的要求是(　　)。

A. 挺直　　B. 微屈　　C. 僵硬

18. 太极拳运动中对胸背的要求是(　　)。

A. 挺胸　　B. 直背　　C. 含胸

19. 太极拳运动中对腰部的要求是(　　)。

A. 松腰　　B. 弓腰　　C. 塌腰

20. 太极拳运动中对掌指的要求是(　　)。

A. 屈指　　B. 舒指　　C. 撑指

答案

1. C　2. B　3. C　4. A　5. C　6. A　7. C　8. B　9. C

10. A　11. A　12. B　13. B　14. C　15. B　16. B

17. B　18. C　19. A　20. B

第二章　24 式太极拳教学

太极拳内容繁多，各流派之间风格差异较大，教学中不可能面面俱到，必须有选择地进行教学。因此，本书选择在高校中普及面较广的 24 式太极拳为教学内容，对太极拳的教学特点、教学过程、基本技术、套路进行详解。

第一节　24 式太极拳教学特点

一、重视直观教学

24 式太极拳教学主要是以教授身体动作为主，动作较多，动作路线复杂且处处带有弧形，这决定了直观教学在太极拳教学中的重要性。在初步掌握动作技术阶段，要求学习者通过观看教师的示范动作，形成清晰直观的印象，加快对动作技术的掌握，从而提高学习效率。

太极拳又名哲拳，外形有手、眼、身、步的配合；内在有精神、呼吸、意识、劲力的统一。要内外合一，节奏鲜明。此外，许多动作是由动静、张弛、刚柔、轻沉、虚实、疾缓、曲直、升降相对立而成的统一体，许多姿势、名称具有鲜明的形象化特点，在学习的初级阶段，这些都要通过直观的示范动作以及影像资料等习得。

此外，在24式太极拳教学中，套路演练以及精、气、神等风格特点首先从直观演练中感知。套路精、气、神等要素非常抽象，单纯的语言文字很难准确、清晰地进行概括和描述，尤其对初学者来说更难以认识和理解，而直观教学具有形象、易于理解、动作信息表达迅速准确的优点，具有很大优势。

二、注重基本功练习，强调动作规格

24式太极拳教学中，基本功是基础，特别是初学者，练好太极拳基本功，对将来的太极拳教学起着至关重要的作用。所以在进行太极拳套路技术教学时，要十分注重基本功练习，强调动作规格，否则，一旦形成错误动作，将会给以后的教学造成障碍。

三、教学工作繁重，教师责任心强

24式太极拳套路教学涉及“三多”，即：①套路动作多；②方向路线变化多；③一个动作包含的因素多。所以几乎每一个动作都要做完整示范，分解示范，组织练习要时时喊口令，还要随时纠正错误动作，所以教学工作繁重。尤其在学习太极拳的初期，学生对一个太极拳动作往往要练习很多次才能掌握，教师要多做示范，多带领学生练习，多给学生纠正错误动作。因此，太极拳教学要比其他体育项目多付出几倍的努力，同时也要求教师有较强的责任心。

四、锻炼身体、了解文化、培养品德于一体

太极拳综合和吸收了明代拳法，特别是吸取了戚继光的32式长拳，并结合古代导引、吐纳气功之术，中医的经络学说以及朴素辩证唯物主义的阴阳五行学说，以道教、太极理论为其哲学基础。因此，太极拳蕴含着丰富的中国传统文化和哲学思想，这是太极拳的突出特点和生命力所在。

目前，青年学生对中华优秀传统文化的了解普遍比较缺乏，对太极拳运动中所蕴含的传统文化更是知之甚少。所以，在24式太极拳教学中更有必要充分挖掘太极拳的传统文化内涵，让学生真正领略传统文化的魅力。这样，不但传授传统文化知识，还能提高学生学习太极拳的兴趣。

24式太极拳教学还重视对学生进行尚武崇德的教育。所谓“武”者，是指倡导与参与拳术锻炼，以求强身健体，自强不息，培养勇于面对现实的竞争意识。“德”者，是指崇尚道德修养，诚信正直，谦和忍让，见义勇为，遵守社会公德。在24式太极拳教学中，要使学生明确习武目的，端正学习动机，培养虚心好学、苦练不辍的学风；继承尊师重教等传统美德。

所以，学生学习24式太极拳的目的既是为了锻炼身体，也是继承这项民族文化遗产，发扬我国的优秀传统文化，教师还要在教学中加强武德教育，培养学生勇敢顽强、机智果

断的优良品质和朝气蓬勃、吃苦耐劳的精神。

第二节　24 式太极拳教学过程和教学方法

根据运动技能的形成特点，24 式太极拳套路教学过程包括：传授—接受技术、组织练习—进行练习、检查纠错—巩固提高和考试—独立演练几个阶段。

一、传授—接受技术

在这一阶段，教师将教学内容所规定的 24 式太极拳套路技术传授给学生，学生通过学习技术在大脑中建立大致的概念。

这一阶段主要教学方法有直观法、语言法等。

（一）直观法

直观法包括示范和多媒体直观教学两种方法。

1．示范

（1）完整示范。

教师在做示范时，从动作开始到结束，不做任何停顿，完整演练。其优点是学生能够了解动作全貌，建立动作的整体性概念；缺点是学生看不清动作的细节。一般在下列情况运用完整示范：

① 传授 24 式太极拳新技术动作时，教师一般都先采用完整示范，帮助学生建立第一印象。

② 教授结构简单和难度不大的动作时也可以采用完整示范。

（2）分解示范。

分解示范是指在学习 24 式太极拳套路技术动作时，将完整的动作合理地分解成几个部分，按部分依次进行教学，最后掌握完整动作。其优点是有利于学生了解动作的细节，便于掌握动作的准确性；缺点是破坏了动作的连贯性和节奏。一般在下列情况运用分解示范：

① 教授结构和方向路线复杂繁难的动作时，可分为上、下肢两部分或几个小节进行示范教学。

② 教授攻防因素较多的动作时，可按攻防因素的多少分小节示范教学。

③ 教授具有顿挫性的动作时，可按照套路的节奏进行分解示范教学。

在 24 式太极拳套路教学的传授新技术阶段，一般采用完整—分解—完整的示范教学方法，即：教师首先给学生做一次完整示范，使学生对套路动作有一个初步的直观认识；之后采用边分解示范边讲解的方法，向学生传授动作的细节；最后再做一次标准完整示范，使学生掌握动作的路线、方向。

（3）注意事项。

① 分解示范不宜将动作分解得过细，在完成合理的分解示范之后，应尽快向完整示范教学过渡。

② 示范教学时，开始时示范速度要慢，当学生对动作掌

握一定程度后，示范速度要适当加快。

2．多媒体直观教学

多媒体直观教学是利用现代计算机的先进技术，采用图片、视频、动画等多种媒体手段，给学生以直观印象，以便学生更快、更准确地掌握24式太极拳的基础知识、基本技术和技能。多媒体直观教学具有生动、形象、直观的优点。采用多媒体直观教学不但有助于提高学生学习兴趣和积极性，而且可使学生较快地在头脑中建立直观、明晰的24式太极拳动作技术运动形象，提高学习效率，收到较好的教学效果。

运用多媒体直观教学时应注意：做好课前准备和课堂组织工作，教师同时给予学生必要的引导，使学生有明确的学习目的，防止出现学生只看热闹，不重学习的情况。

（二）语言法

1．讲解

讲解是指对24式太极拳的技术、技能、攻防技法等内容进行剖析论述的一种教学方法。通常在下列情况进行讲解：

（1）学习新太极拳技术动作时，对较复杂的技术要将其分解成几个小节进行讲解。

（2）讲解太极拳动作技术的规格和要求，让学生明白动作的质量标准是什么。

（3）对一些动作的细节要进行讲解。

（4）对动作的关键环节要进行讲解，使学生较快地掌握动作技术。

（5）对攻防含义较强的动作技术要讲解，使学生明白动作的攻防含义，准确理解并较快的掌握动作。

（6）对学生容易犯错误的动作要进行讲解，使学生少走弯路，较快掌握动作。

（7）对太极拳动作中带有一般规律性的技巧和方法要讲解，使学生在以后的学习中，能更快地掌握类似动作技术。

2．口令

在24式太极拳套路教学中，要经常用到口令，口令一般用拖音，音调柔和、缓慢。一般采用口令的情况有以下几种：

（1）在24式太极拳套路教学的第一个阶段中，学习新动作，要用分解动作口令。如24式太极拳中“白鹤亮翅”，可分解成三个小节，分解口令为：“白鹤亮翅”1、2、3。

（2）在练习的初始阶段，学生对动作不熟悉，可用提示性口令，即在口令的前面加上动作名称。

（3）通常在练习中，学生对动作基本熟练后，可以一个动作一个口令。

（4）学生掌握24式太极拳动作技术后，在集体练习时，可以用带有音乐口令的视频进行集体演练。

当学生对套路比较熟悉时，可分段练习，取消口令，最后达到整套练习。

3．肢体语言

肢体语言是指通过人体的动作、表情、姿势、体态等来表达内心的思想、情感、情绪等一系列心理活动的表象。在

24 式太极拳套路教学中，教师在恰当时机的走动、神态、手势、目光等，对每个学生都有约束、控制、调动的作用，效果比大声喊叫好得多。

二、组织练习—进行练习

经过上一阶段的学习，学生对 24 式太极拳套路动作已经有了基本的概念，但可能对动作掌握不牢，动作僵硬，动作路线和方向不清，在有外界环境干扰的情况下还会出现遗忘动作、错误动作、多余动作和动作遗漏等情况。学生要经过反复的练习逐步使动作定型。

（一）练习方法

1. 重复练习法

重复练习法是指学生对动作、段落或套路进行反复练习，完成一定的数量，这是最常用的一种方法。

2. 想象练习法

想象练习法是指通过反复想象所要完成的动作和套路来提高动作技术的方法。学生将所学的动作和套路从头至尾像放电影一样在脑子里进行演练，纠正不合理动作，理顺动作和套路的运动路线和细节。这需要学生对动作和套路的掌握达到一定程度以后才能运用。

（二）练习形式

1. 集体练习

全班同学在教师的指挥下进行集体练习，这种组织形式能提高练习的密度，但很难保证练习的质量。在集体练习时教师要注意认真观察学生的练习情况，避免学生“浑水摸鱼”。

2．分组练习

教师将学生分成若干小组进行练习，每一组选一个学生骨干，在骨干的组织和带领下练习，培养形成互教、互帮、互相监督的良好作风和纪律，同时教师要巡回指导。

3．单人练习

个人独自进行练习，能培养学生独立进行动作、套路记忆和演练的能力。学生在进行单人练习时，尽量不要让别人提示。

4．自我练习

学生针对自己情况进行自由练习。自我练习可以使学生自觉、积极地寻找自己的缺点和薄弱环节，对提高自己的演练水平很有帮助。

三、检查纠错—巩固提高

（一）常犯错误及纠正

1．动作遗忘或混淆动作

教师可以通过提示24式太极拳动作名称或动作要点以及做简单提示性动作来帮助学生回忆正确动作；通过对比容易混淆的动作，使学生弄清两者的不同之处。

2．动作路线不清、方向错误

教师可以通过放慢示范动作让学生看清动作路线，以此来纠正动作路线不清的错误；教师可以通过慢速同向领做示范，使学生找到正确的动作方向。

3．身体姿态不好

如发现有些学生有低头、哈腰、翘臀等不好的身体姿态，教师可以通过让学生做静止动作增加肌肉感觉。在24式太极拳套路练习时通过抬头、挺胸、收腹等语言提示来纠正。

4．动作达不到规定标准

动作达不到规定标准可能有两种原因：一是身体素质差。如在做24式太极拳中右下势独立的仆步穿掌动作时，出现身体重心太高、仆步动作不能完成等错误，这主要是由于身体柔韧性太差所致，可通过提高学生的柔韧素质来纠正。另一种原因是学生没有意识到所犯错误，这需要教师用语言提示或直接用手帮助使其达到标准，并在以后练习中时时提醒。

5．由于对动作概念不清而导致错误动作

这种错误可以通过讲解示范24式太极拳套路中单个动作攻防含义，让学生理解动作概念来纠正。

6．不能体现太极拳应有的精神、节奏、劲力

首先让学生观察教师示范或观看录像，对24式太极拳的精神、节奏、劲力有直观概念，并在大脑中建立直观印象；再通过教师的领做，让学生有进一步的认识并且模仿；还要通过课外练习让学生反复体会来提高。

（二）巩固提高的练习方法

在24式太极拳教学的巩固提高阶段，主要采用以下四种练习方法。

1. 重复练习法

学生对动作、段落或套路进行反复练习，完成一定的数量，从而提高动作质量。这是最常用的一种方法。

2. 变换练习法

通过变换练习的环境，起势方向，动作数量，套路节奏等可以提高学生的适应能力。

3. 模拟考试法

为了使学生注意考试时的场地、环境、礼节、站位、要求等方面的事项，教师可以在教学中营造考试气氛，使学生身临其境，接受实际的独立演练的考验，从而提高套路技术水平和临场经验。

4. 比赛法

将学生分成几组，进行 24 式太极拳套路演练比赛，以此作为练习手段。它能使学生在具有竞争的条件下进行练习，最大限度地发挥学生的潜力，提高练习的效果。

（三）练习形式

这一阶段主要采用的练习形式有：

1. 集体练习

教师按照一定的队形，组织学生集体练习 24 式太极拳，在这一阶段，集体练习一般用于纠正较普遍的错误动作，强调动作细节，提高技术。

2. 分组练习

分组练习是教师将学生分成若干小组进行练习的一种组织形式，可以几组同时练习，也可以一组练习一组观看并纠正。练习时要注意培养学生骨干，还要有意识地培养互教、互帮、互相监督的良好作风和纪律，同时教师要巡回指导。

3．个人练习

个人练习指学生针对自己情况进行自由练习。

四、考试—独立演练

这个阶段是教师考核学生技术成绩、验收教学成果的阶段。教师先要了解教学大纲的要求，制定出切合学生实际的24式太极拳评分方法和标准。另外，不能把结果性评价作为唯一的评价手段，还要注意过程评价。

考试完毕，还要引导学生坚持独立练习，并养成习惯。

第三节　24式太极拳的基本技术

一、24式太极拳的主要手形

（一）拳

五指卷曲，拇指压于食指、中指第二指节上；拳面要平，握拳不可太紧或太松（图2-1）。

（二）掌

五指自然舒展，掌心微含，虎口成弧形，手指不可故意用力挺直，也不可太放松而弯曲过度（图2-2）。

（三）勾

五指指尖捏拢，屈腕，手指和手腕要自然放松（图2-3）。

图 2-1

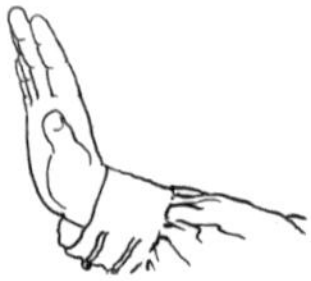

图 2-2

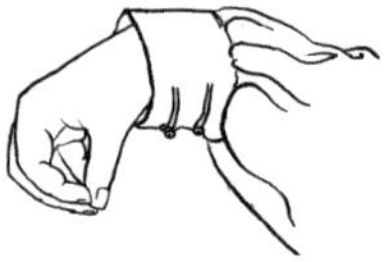

图 2-3

二、24 式太极拳的主要手法

24 式太极拳的手法较多，在套路中经常出现的一般有以下几种。

（一）掤

前臂成弧线，由下向前方掤架，横于体前，掌心向内，高与肩平，力点在前臂外侧（图 2-4、图 2-5）。

图 2-4

图 2-5

（二）捋

两臂微屈，掌心斜相对，前后距离约是肘至腕部，两掌随腰的转动由前向侧后划弧（图 2-6、图 2-7）。

图 2-6

图 2-7

（三）挤

后手附于前臂内侧，两臂由屈而伸向前挤压（图 2-8）。定势时，两臂撑圆，高不过肩，低不过胸，着力点在后手手指和前手的前臂（图 2-9）。

图 2-8

图 2-9

（四）按

两掌同时由后向前上方弧形推按（图 2-10）。定势时，手腕高不过肩，掌心向前；臂微屈，肘松沉（图 2-11）。

图 2-10

图 2-11

（五）冲拳

拳从腰间旋转向前打出（图 2-12）。拳眼向上，高与胸平，肘不可僵直，力点在拳面（图 2-13）。

图 2-12

图 2-13

（六）推掌

掌从肩上或胸前向前推出，掌心向前，指尖向上，高不过眉，臂微屈，肘部不可僵直（图 2-14、图 2-15）。

图 2-14

图 2-15

（七）分掌

两手由合抱向前后或左右分开（图 2-16、图 2-17）。

图 2-16

图 2-17

（八）抱掌

两掌上下相对或左右交叉合抱于体前或体侧；两臂成弧形，沉肩坠肘（图 2-18、图 2-19）。

图 2-18

图 2-19

（九）云手

两手在体前交叉向两侧划立圆，两掌在划圆中翻转拧裹（图 2-20、图 2-21、图 2-22、图 2-23）。

图 2-20

图 2-21

图 2-22

图 2-23

（十）贯拳

拳从斜下方向前上方弧形摆动横击（图 2-24）。臂半屈呈弧形并内旋，力点在拳面，拳眼斜向下（图 2-25）。

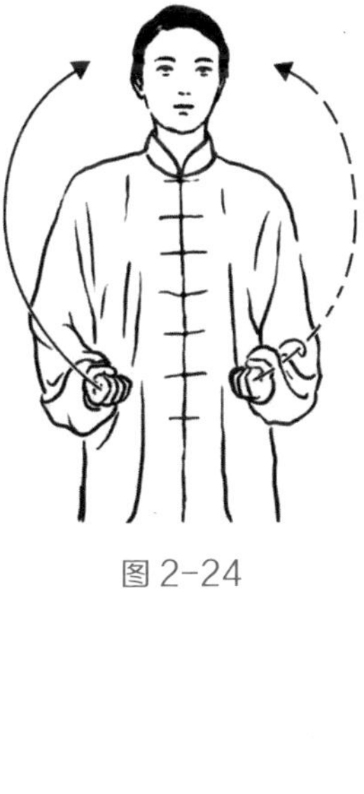

图 2-24

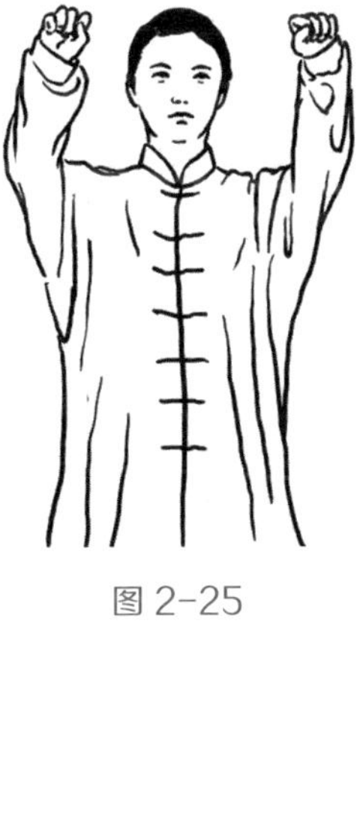

图 2-25

（十一）挑掌

侧掌由下向前上方挑起，指尖向上，力点在掌的拇指一侧（图 2-26、图 2-27）。

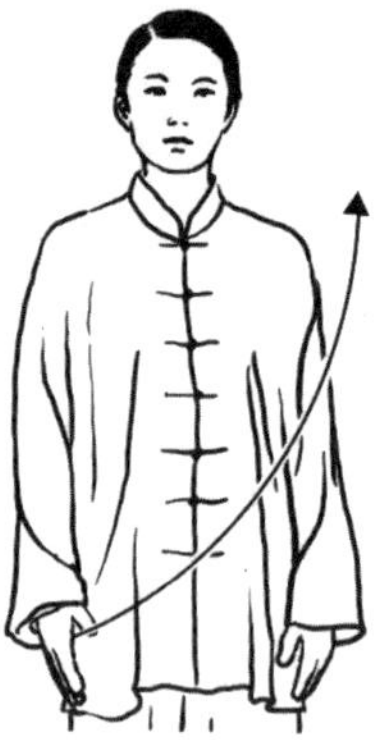

图 2-26

图 2-27

（十二）插掌

四指伸直并拢，拇指分开，臂由屈而伸，掌沿指尖方向伸出，力点在四指指尖（图 2-28、图 2-29）。

图 2-28

图 2-29

三、24 式太极拳的主要步型

24 式太极拳的步型归纳起来，基本上有以下几种。

（一）弓步

前腿屈膝前弓，膝与脚基本呈垂直，脚尖朝正前方；后腿自然伸直，脚尖斜向前，两脚之间横向距离一般为 10～30 厘米（图 2-30）。

（二）虚步

后腿屈蹲，大腿高于水平，脚跟与臀部基本垂直，全脚掌着地，脚尖斜向前；前腿稍屈，前脚掌或脚跟着地；重心在后腿（图 2-31）。

图 2-30

图 2-31

（三）仆步

一腿全蹲，全脚掌着地，脚尖稍外展；另一腿自然伸直贴近地面，全脚掌着地，脚尖内扣（图 2-32）。

（四）独立步

支撑腿微屈站立，另一腿屈膝提起，大腿高于水平，小腿和脚尖自然下垂（图 2-33）。

图 2-32

图 2-33

（五）马步

两脚左右开立，与肩同宽，脚尖向前，两腿屈膝半蹲（图 2-34）。

图 2-34

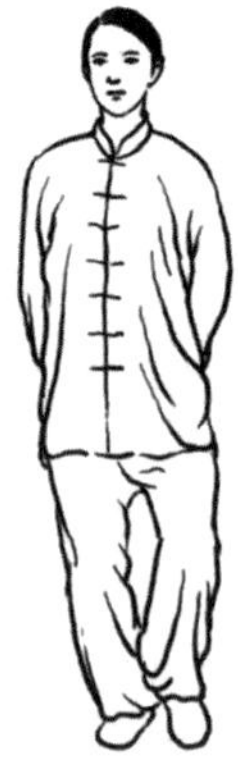

图 2-35

(六)丁步

一腿屈蹲，全脚掌着地；另一腿屈收，脚尖点地收于支撑腿内侧(图2-35)。

四、24式太极拳的主要步法

(一)上步

后腿向前迈一步或前腿向前迈半步(图2-36、图2-37、图2-38、图2-39)。

图2-36

图2-37

图2-38

图2-39

（二）退步

前脚向后退一步（图 2-40、图 2-41）。

图 2-40

图 2-41

（三）侧行步

并步站立，脚尖平行向前，两脚依次向一侧移动（图 2-42、图 2-43、图 2-44、图 2-45）。

图 2-42

图 2-43

图 2-44

图 2-45

（四）跟步

后脚向前脚跟进半步（图 2-46、图 2-47）。

图 2-46

图 2-47

步法中，上步时脚跟先落地；退步时前脚掌先落地；注意左右脚之间的横向间隔距离，以利重心的稳定。步法变换要轻灵沉稳，虚实分明。

五、24 式太极拳的主要腿法

蹬脚：支撑脚微屈站稳，另一只脚屈膝抬起，小腿上摆，勾脚尖向身体侧前方蹬出，力达脚跟，脚高于腰部（图 2-48、图 2-49）。

图 2-48

图 2-49

六、24 式太极拳的眼法

24 太极拳中的眼法即套路运动中眼神的变化，眼神与动作协调配合，才能体现出太极拳的精、神、意、气。其要领是：精神贯注，意念引导，含而不露；与动作配合的要求是“眼随手动，手眼相随，目随势注”，使眼神与手法、身法协调配合。定势时，眼平视前方或注视前手；换势时，“眼随手转，手眼相随”，并与运动方向做相应配合。

知识拓展

太极十三势

太极十三势是太极拳的基本手法和基本步法，即：掤、捋、挤、按、采、挒、肘、靠、进、退、盼、顾、定。掤、捋、挤、按、采、挒、肘、靠是太极拳的八种基本手法。进步、退步、左顾、右盼、中定为五种步法。俗称八法五步，总称“十三势”。这是太极拳也被称为“十三势”的原因。

十三势歌

十三总势莫轻视，命意源头在腰隙。
变转虚实须留意，气遍身躯不少滞。
静中触动动犹静，因敌变化示神奇。
势势揆心须用意，得来不觉费功夫。
刻刻留心在腰间，腹内松静气腾然。
尾闾中正神贯顶，满身轻利顶头悬。
仔细留心向推求，屈伸开合听自由。
入门引路须口授，功夫无息法自修。
若言体用何为准，意气君来骨肉臣。
详推用意终何在？益寿延年不老春。
歌兮歌兮百四十，字字真切意无遗。
若不向此推求去，枉费工夫贻叹息。

第四节　24 式太极拳图解教学

预备势

图 2-50

身体直立，顶平颈直，下颌微收，两脚并拢，两腿自然伸直，两臂自然下垂，贴于大腿两侧，手指微屈，掌心含空，胸部微含，腹部微收，眼睛向前平视。切忌挺胸抬头。（图 2-50）

动作要领：

思想活动平缓，精神安逸，意念集中。采用腹式深呼吸，调整呼吸做到细、深、匀、缓。此势看似平淡无奇，实则包含了太极拳的精要，并将贯穿全套路始终，应引起重视。

攻防含义：

“拳艺以沉着为本”，意在调整身心状态养成良好的心理素质，以静御动，待机而动。

一、起势

扫一扫，
观看视频

（一）动作规格及路线

1. 左脚开立

身体自然直立，重心微右移，左脚向左分开半步，与肩同宽，脚尖向前，两臂自然下垂，两手放于大腿外侧，眼睛向前平视（图 2-51）。

2．两臂平举

两臂微屈，慢慢向前、向上平举，两手高与肩平、同宽，掌心向下（图 2-52）。

3．屈膝下按

两腿屈膝下蹲，成马步，上体保持直立；屈肘、坐腕，两手慢慢下按，眼看前方（图 2-53）。

图 2-51

图 2-52

图 2-53

（二）动作要领

（1）提左脚时不宜过高，由脚跟过渡到脚前掌，落脚时由前脚掌轻轻过渡到全脚掌，重心落于两腿之间，要做到点起点落，轻起轻落，落地生根。头顶没有明显起伏。

（2）两臂平举时，双手沿足尖方向，以中指领劲，慢慢上举，两臂前举过程中，动作需轻缓，不可紧张用力。

（3）下按时肘尖对膝尖，手指与脚尖对正，不夹腋。两腋下保持可容一立拳，两腕不可用力上挺翘腕或指尖下垂折腕，五指自然分开，按到终点时，五指轻轻舒展，掌心斜向下。两臂下落与两掌下按，两腿屈膝及身体躯干的下蹲动作协调一致。身落、臂降、手按、腿屈的动作一气呵成。

（三）易犯错误及纠正

（1）开步距离不与肩等宽，可利用反复练习开步，找到距离感，做到一步到位。

（2）两臂上举高过肩，可注意上举时用眼睛余光比较肩与手的高度是否平齐。

（3）两臂下按与屈膝下蹲不协调，应注意屈膝与屈肘同时开始，并以屈肘下垂带动双掌下按。

二、左右野马分鬃

扫一扫，
观看视频

（一）动作规格及路线

1．野马分鬃一

（1）转腰抱球。

体微向右转，身体重心逐渐移向右脚，接着身体再微向左方转动，胸中线对左前方；同时右手臂向上划弧，平屈于胸前，手心向下，左手心逐渐翻转向上经体前、在腹部处向右下方划弧至右手下，两掌心相对成抱球状；左脚随之收到右脚内侧，脚尖着地；眼看前方顾及右手。（图 2-54）

（2）转身上步。

上体左转，左脚向左前方迈出一步，脚跟轻轻着地，重心仍在右腿（图 2-55）。

图 2-54

图 2-55

图 2-56

（3）弓步分手。

重心逐渐移向左腿，右脚跟后蹬稍外碾，右腿自然伸直，成左弓步；同时两手随转体分别慢慢向左下、右手分开，左手中指尖高与鼻尖平（手心斜向上），肘微屈，右手落在右胯旁，手心向下，右肘亦微屈；眼通过左手指尖向前平视（图 2-56）。

2．野马分鬃二

（1）后坐撇脚。

右腿慢慢屈膝，上体慢慢后坐，重心后移至右腿上，左脚尖翘起微外撇；上体稍左转，左手向下旋，右手向上旋，两手准备抱球，目视左前方（图 2-57）。

（2）转腰抱球。

左腿慢慢前弓，左脚掌逐渐踏实，身体左转，身体重心再移至左腿；同时左手继续翻掌向下，收在胸前平屈，右手经体前向左上划弧放在左手下，两手心相对成抱球状；右脚随即收至左脚内侧，脚尖着地（也可不着地）；眼看左前方顾及左手（图 2-58）。

图 2-57

图 2-58

（3）转身上步。

上体右转，右脚向右前方迈出一步，脚跟轻轻着地，重心仍在左腿（图 2-59）。

图 2-59

图 2-60

（4）弓步分手。

上体微向右转，右脚向右前方迈出，左脚跟后蹬，左腿自然伸直，成右弓步；同时上体继续向右转，两手随转体慢慢分开（右手向上，左手向下），右手中指尖高与鼻尖平（手心斜向上），肘微屈，左手落在左胯旁，左肘亦微屈，手心向下，指尖向前；眼通过右手指尖向前平视（图 2-60）。

3．野马分鬃三

（1）后坐撇脚。

左腿慢慢屈膝，上体慢慢后坐，重心后移至左腿上，右脚尖翘起微外撇；上体稍右转，右手向下旋，左手向上旋，两手准备抱球，目视右前方（图 2-61）。

（2）转腰抱球（同野马分鬃一）（图 2-62）。

图 2-61

图 2-62

（3）转身上步（同野马分鬃一）（图 2-63）。

（4）弓步分手（同野马分鬃一）（图 2-64）。

图 2-63

图 2-64

（二）动作要领

（1）抱球时，两臂保持虚腋屈臂，右臂的肘低于肩，腕低于手；左臂屈肘环抱，左腕不可僵直折腕，两掌心相对，右手掌心向下高与胸平，左手掌心向上高与腰平，两掌距身体约 20 cm。

左脚收到右脚内侧，左脚尖（前脚掌）点地，身体重心基本落在右腿上，左腿只起辅助支撑的作用。熟练后左脚可不点地。

（2）以左野马分鬃为例，迈步分手过程中要注意右膝始终与右脚尖相对，保持开裆圆胯；左脚向左前方迈步时的路线是弧形，要控制重心，脚跟轻轻着地，然后过渡到全脚掌着地，防止失重，避免左脚重砸落地；两脚之间的横向距离约 20 cm。

（3）变弓步时，右腿蹬地，脚跟外碾，右腿蹬力前送，同时与左腿弓膝、转腰前后贯穿，协调配合，避免脱节。

（4）分手时左手掌心斜向上，力点在前臂外侧，向斜上方“靠”出。

（三）攻防含义

以左野马分鬃为例，如果对方用右拳向我胸部进攻，我用右手擒握对方手腕向下采，随即左脚向前上步扣住对方脚跟，左前臂随之插入对方右腋下，用转腰分靠之力使对方向后跌倒。

（四）易犯错误

（1）弓步上步时前脚落点左右角度过大，造成弓步时两脚在一直线上或两脚“扭麻花”的错误。

（2）弓步时前脚尖外撇，且落脚沉重。

（3）弓步时后脚跟没有外展后蹬，造成野马分鬃挺胸、侧肩和开胯的错误。

（4）手指过于僵硬或松软。

（5）动作过程中，上体俯仰歪斜，或低头弯腰，眼睛死盯着手。

（6）右腿蹬地、转腰、坐腿屈弓与分手脱节。

三、白鹤亮翅

扫一扫，
观看视频

（一）动作规格及路线

1．跟步抱手

身体重心前移，上体微向左转；右脚跟进半步，前脚掌轻轻落地，与左脚相距约一脚长；同时左手翻掌向下，左臂平屈胸前，右手向左上划弧，手心转向上，与左手成抱球状，目视左手（图 2-65）。

2．转腰分手

上体微向右转，右脚全脚掌踏实，身体后坐，重心移至右腿；两手左下右上微分开；目随右手而视（图 2-66）。

3．虚步亮掌

重心全部落在右脚上，左脚移至体前，脚尖点地，成左虚步；上体左转，同时两手随转体分别向右上、左下分开，右手上提停于右额前，手心向左，左手下按落于左胯前，手心向下，指尖向前；眼平视前方（图 2-67）。

图 2-65　　图 2-66　　图 2-67

（二）动作要领

（1）跟步抱手时，两掌距胸 20 cm 左右，右脚跟在左脚后约 10 cm 处。右脚跟步时保持身体平稳，抱与跟步的动作要同步。

（2）转腰分手时右臂屈臂置于右额角处，左手扶于右臂内侧，两掌在右额前约两个平拳左右，身体侧转不超过 45°。

以腰带动两臂运动，右手上挂，左手有下切之意。

（3）动作完成时胸部不要挺出，两臂呈弧形保持半圆形，构成“S”形，右掌在额前，掌心斜相对太阳穴，左掌距胯骨约一拳距离。虚步时，右腿保持屈膝，大、小腿后侧之间约为135°，重心在右腿，前后足跟在一条线两旁，两足跟相距一般为两脚长，身体保持中正，不可前俯、后仰，挺胸凸臀。动作过程中身体重心后移与右手上提、左手下按要协调一致，始终用腰带动两臂运动，突出以腰带动手臂运动。

（三）攻防含意

（1）在对方用双掌攻击的情况下，可以用两手上下分开对方双掌，化解其攻势。

（2）如果对方用右手向我方胸部进攻，可以用左手擒住其右腕，右臂插入对方右腋下，用转腰横挒之力使其跌倒。

（四）易犯错误

（1）初学者容易出现跟步时重心前移，身体前倾。

（2）直接从抱球转正身体并完成动作，而不是稍向右转体，然后再向回转正身体。

（3）做白鹤亮翅时，虚步出现上体后仰，挺髋挺腹；上体前俯，挺胸突臀；虚腿时膝部挺直，实腿时膝部里裹；两脚横向距离过大或过小；两腿虚实不明，重心落于两腿之间。两手外撑不够，肘部过于弯曲，造成夹腋折臂。

四、左右搂膝拗步

扫一扫，
观看视频

（一）动作规格及路线

1．搂膝拗步一

（1）丁步托掌。

重心仍然保持在右腿上；身体先微向左转，再向右转，同时右手从身体前方下落，由下向后上方划弧至右肩部外侧，肘微屈，手与耳同高，手心斜向上；左手上起由左下向上、向右下方划弧至右胸前，手心斜向下；左脚收回至右脚内侧，脚尖点地；眼看右手以及右后方（图 2-68）。

（2）上步收手。

上体稍左转；左脚向左前方迈出一步，脚跟轻轻落地；右臂屈肘，右手收至肩上头侧，虎口对耳，掌心斜向前；左手落在腹前，眼看前手（图 2-69）。

图 2-68

图 2-69

图 2-70

（3）搂手推掌。

左脚掌逐渐踏实，重心逐渐移向左腿，右腿自然伸直成左弓步；同时右手由耳侧向前推出，高与鼻尖平，左手向下由左膝前搂过落于左胯旁，指尖向前；眼看右手手指（图 2-70）。

2. 搂膝拗步二

（1）转腰撇脚。

右腿慢慢屈膝，上体后坐，身体重心移至右腿，上体左转，左脚尖翘起向外撇；左臂外旋，掌心向上，眼看右手（图 2-71）。

（2）摆手收脚。

上体继续左转，重心前移至左脚。左手由下向后上方划弧至左肩部外侧，肘微屈，手与耳同高，手心斜向上；右手向左下方划弧至左胸前，手心斜向下；右脚收回至左脚内侧，脚尖点地；眼看左手以及左后方（图 2-72）。

图 2-71

图 2-72

（3）上步收手。

上体稍右转；右脚向右前方迈出一步，脚跟轻轻落地；左臂屈肘，左手收至肩上头侧，虎口对耳，掌心斜向前；右手落在腹前，眼看前手（图 2-73）。

（4）搂手推掌。

右脚掌逐渐踏实，重心逐渐移向右腿，左腿自然伸直成左弓步；同时左手由耳侧向前推出，高与鼻尖平，右手向下由右膝前搂过落于右胯旁，指尖向前；眼看左手手指（图 2-74）。

图 2-73

图 2-74

3. 搂膝拗步三

（1）转腰撇脚。

左腿慢慢屈膝，上体后坐，身体重心移至左腿，上体右转，右脚尖翘起向外撇；右臂外旋，掌心向上，眼看左手（图 2-75）。

（2）摆手收脚。

上体继续右转，重心前移至右脚。右手由下向后上方划弧至右肩部外侧，肘微屈，手与耳同高，手心斜向上；左手向右下方划弧至右胸前，手心斜向下；左脚收回至右脚内侧，脚尖点地；眼看右手以及右后方（图 2-76）。

图 2-75

图 2-76

（3）上步收手（同搂膝拗步一）（图 2-77）。

（4）搂手推掌（同搂膝拗步一）（图 2-78）。

图 2-77

图 2-78

（二）动作要领

（1）丁步托掌时，右手指尖与右耳端相齐，虎口斜对耳门，左掌虎口对右肘，两臂保持弧形，恰似怀中抱了一条鱼，两腋虚空，身体保持正直。两手的划弧与转体，收脚协调一致，均以腰带动手臂运动。

（2）上步收手时，左脚向左前方迈步的路线是弧形，要控制重心，脚跟轻轻着地，然后过渡到全脚掌着地，防止失重，避免左脚砸夯式的落地；两脚之间的横向距离约 30 cm。

（3）弓步搂推时，左手要经过膝盖下方以半圆形搂出，右手以虎口对耳门旋转推出，身体保持中正平稳。右手推出时，须沉肩垂肘，坐腕舒掌，身体不可前俯后仰，要与松腰、弓腿上下协调一致，如果向前迈步时，能掌握好变换身体重心的要领，也可脚尖不点地向前直接迈步，但前进脚务必经过支撑脚的内侧（慢练时可作停顿）再向前上步，身体要保持平衡稳定。

（4）定势时，左手置于左胯侧稍偏前，左掌与大腿中点相距一平掌，右手位于体前，手心斜向前，中指尖对鼻尖，形成与脚尖“三尖相照”，弓步两脚跟横向距离保持约 30 cm，左膝盖与地面垂直，后腿微屈。

（三）攻防含义

以左势搂膝拗步为例，对方用左拳或左掌进攻我方，同时用腿向我方踢来，应随着身体重心的后移和向左转身，先用右掌化解对方的拳、掌进攻，继而再用左掌搂开对方踢来的腿，再左脚向对方两腿之间上步，同时以右掌前推对方胸部。

（四）易犯错误

（1）左脚左前方上步时角度不足或落地偏右，造成左弓步时两脚在一直线上或两脚“扭麻花”的错误。后面两个弓步容易出现横向宽度不够，形成“走钢丝”的错误。

（2）落脚沉重，且前脚尖外撇。

（3）两臂轮摆时腰部太死，导致动作僵硬机械。

（4）手的搂、推动作和弓腿脱节，或两手和两脚的动作快慢不一致。

扫一扫，
观看视频

五、手挥琵琶

（一）动作规格及路线

1．跟步展臂

右脚向前收拢半步，脚前掌轻落于左脚后，与左脚相距约一脚长，右臂稍向前舒展，腕关节放松（图 2-79）。

图 2-79

图 2-80

2．后坐抬手

上体后坐，身体重心转至右腿，上体半面向右转，左脚略提起；左手向左、向上划弧摆至体前，手臂自然伸直，掌

图 2-81

心向下；右手屈臂后引，收至胸前，掌心斜向下；眼看左手（图 2-80）。

3．虚步合手

上体稍向左转，左脚向前移，变成左虚步，脚跟着地，脚尖翘起，膝部微屈；两臂屈肘相合，两手前后交错；高与鼻尖平，掌心向右，臂微屈；右手放在左肘里侧，掌心向左；眼看左手食指（图 2-81）。

（二）动作要领

（1）身体要平稳自然，沉肩垂肘，腰部放松。

（2）左手上起时不要直向上挑，要由左向上、向前，微带弧形。

（3）右脚跟进时，脚掌先着地，再全脚踏实。

（4）两手相合时要通过身体腰部的转动带动手臂。

（三）攻防含义

如果对方出右拳攻击我方面门，应转腰侧闪，右手外接抓住对方手腕，顺势向后拉，把对方的拳引进落空，同时左掌扶按对方肘部，用两手的内合之力，将对手擒拿住。

（四）易犯错误

（1）身体与手臂的运动脱节，不是通过腰部的转动带动手臂的运动。

（2）定势时，左臂容易直臂并端肩。

（3）定势时两臂没有保持弧形，肘部过分弯曲，两臂紧缩，夹肘夹腋，动作不舒展。

（4）定势时虚步步型不正确，身体容易后仰。

六、倒卷肱

扫一扫，
观看视频

（一）动作规格及路线

1．倒卷肱一

（1）转腰托掌。

上体右转，右手翻掌（手心向上）经腹前由下向后上方划弧平举，臂微屈，左手随即翻掌向上；眼的视线随着向右转体先向右看，再转向前方看左手（图 2-82）。

图 2-82

图 2-83

（2）退步收手。

上体稍左转；左脚提收向后退一步，脚前掌轻轻落地，右臂屈卷，右手收至肩上耳侧，掌心斜向下；左手开始后收，眼看左手（图 2-83）。

（3）虚步推掌。

重心后移，左脚踏实，身体重心移到左腿上；右脚随转体以脚掌为轴扭正，脚前掌着地，成右虚步；右手由耳侧向前推出，手心向前；左臂屈肘后撤，经体侧划弧撤至左肋外侧，手心向上；眼看右手（图 2-84）。

图 2-84

图 2-85

2．倒卷肱二

（1）转腰托掌。

上体微向左转，同时左手随转体向后上方划弧平举，手心向上，右手随即翻掌，掌心向上；眼随转体先向左看，再转向前方看右手（图 2-85）。

（2）退步收手。

上体稍右转；右脚提收向后退一步，脚前掌轻轻落地，左臂屈卷，左手收至肩上耳侧，掌心斜向下；右手开始后收，眼看右手（图 2-86）。

（3）虚步推掌。

重心后移，右脚踏实，身体重心移到右腿上；左脚随转体以脚掌为轴扭正，脚前掌着地，成左虚步；左手由耳侧向前推出，手心向前；右臂屈肘后撤，经体侧划弧撤至右肋外侧，手心向上；眼看左手（图 2-87）。

图 2-86

图 2-87

3．倒卷肱三（同倒卷肱一）

（1）转腰托掌（图 2-88）。

图 2-88

图 2-89

（2）退步收手（图 2-89）。

（3）虚步推掌（图 2-90）。

4．倒卷肱四（同倒卷肱二）

（1）转腰托掌（图 2-91）。

图 2-90

图 2-91

（2）退步收手（图 2-92）。

（3）虚步推掌（图 2-93）。

图 2-92

图 2-93

（二）动作要领

（1）身体保持平衡，重心平稳，不可忽高忽低、左右歪斜。

（2）步法要求“点起点落”“轻起轻落”，提脚时先提脚跟，落脚时先落脚掌，动作轻灵、柔和且沉稳。

（3）动作要协调，不要手动脚不动或脚快手迟。

（4）后手回撤要走弧形，不可直抽，推出之臂不可伸直。

（5）转动时以腰为轴，退步要轻灵，脚前掌先着地，然后全脚踏实，重心后移。转身倒卷肱时，要先移重心，再转身提步。

（6）下抽手不可走直线，前推手须经耳旁向前推出，不可向下劈盖。

（7）前手高不过眉，低不过肩，要沉肩垂肘，身体正直，转动灵活。

（8）眼神紧跟转体的方向，自然柔和，切忌紧盯着手。

（三）攻防含义

以“左倒卷肱”至“右倒卷肱”为例，假如对方用左拳或掌向我方进攻，可以以左前臂化解对方的进攻，在退步同时，用右掌推击对方的面部。

（四）易犯错误

（1）手脚配合不协调，造成手快脚慢或者手慢脚快。

（2）两臂没有成弧形或者手后撤时没有走弧形，动作僵硬。

（3）腿步时落脚过于偏内，形成上体歪扭，两脚“拧麻花”。

（4）步法虚实不分明。

七、左揽雀尾

（一）转腰抱球

扫一扫，
观看视频

动作规格及路线：上体向右转，左手自然下落逐渐翻掌经腹前划弧至左肋前，手心向上；右臂屈肘，手心转向下，收至右胸前，两手相对成抱球状；同时身体重心落在右腿上，左脚收到右脚内侧，脚尖点地；眼看右手（图 2-94）。

（二）掤

1．动作规格及路线

（1）转腰上步。

上体微左转，左脚向左前方迈出一步，脚跟着地；眼看前方（图 2-95）。

图 2-94

图 2-95

（2）弓步掤手。

上体继续向左转，重心前移，右脚跟后蹬稍外碾，右腿自然伸直，成左弓步；同时左臂向左前方掤出（即左臂平屈成弓形，用前臂外侧和手背向前方推出），高与肩平，手心向后；右手向右下落于右胯旁，手心向下，指尖向前；眼看左前臂（图2-96）。

图2-96

2．动作要领

（1）“掤”出的臂必须呈弧形，高不过口，肘关节稍低于手，手指既不可软缩无力，也不可僵硬挺直。后手按在体侧。两臂要保持弧形。

（2）分手、松腰、弓腿三者必须协调一致。揽雀尾弓步时，两脚跟横向距离超过10 cm。

3．易犯错误

（1）左臂容易出现耸肩、抬肘；左臂没有成弧形。

（2）力点不是在前臂。

（三）捋

1．动作规格及路线

（1）转腰摆臂。

上体微左转，左臂向左前方摆出，同时翻掌向下；右手翻掌向上，经腹前向上，向前伸至左前臂下方，掌心向上（图2-97）。

（2）后坐转腰捋。

上体右转，两手经腹前向后、向上划弧摆至身体侧后方，右手手心向上，高与肩齐，左臂平屈于胸前，手心向后；同时身体重心移至右腿；眼看右手（图 2-98）。

图 2-97

图 2-98

2．动作要领

（1）向左前方摆臂时，上体不可前倾，臀部不要凸出；下捋时，手走弧线。

（2）肩部放松，两臂下捋须随腰旋转，动作无论弧形大小，都必须呈圆形或曲线，不可直着回抽。

（3）左脚全掌着地，两腿移动要分清虚实，上身不可俯仰歪斜。

3．易犯错误

（1）腰太死，只有手动，不是以腰带手运动。

（2）两手的运动路线不是弧形。

（3）容易出现抬肘或夹掖现象。

（四）挤

1．动作规格及路线

（1）转腰搭手。

上体微向左转，面向前方，右臂屈肘折回，右手附于左手腕里侧与左手腕相距约 5 cm，掌心向外（图 2-99）。

（2）弓步前挤。

身体重心逐渐前移变成左弓步；双手同时向前慢慢挤出，高与肩平，两臂撑圆；目视前方（图 2-100）。

图 2-99

图 2-100

2．动作要领

（1）以腰带手，用转腰的力量带动右掌收至胸前。

（2）"挤"时两臂向前须撑圆，前臂高不过口，同时要和弓腿、松腰协调一致。

3．易犯错误

（1）两臂没有撑圆，手臂紧贴于胸前。

（2）两臂前"挤"时与腰腿动作脱节。

（五）按

1．动作规格及路线

（1）坐腿后引。

左手翻掌，手心向下，右手经左腕上方向前、向右与左手交叉伸出，高与左手齐，手心向下，两手左右分开，宽与肩同；然后右腿屈膝，左腿自然伸直，上体慢慢后坐，身体重心移至右腿上，左脚尖翘起；同时两手屈肘回收至腹前，手心斜向下方；两眼平视（图 2-101）。

图 2-101

图 2-102

（2）弓步前按。

上式不停，身体重心慢慢前移，同时两手向前、向上按出，掌心向前；左腿前弓，右腿自然蹬直成左弓步；眼平看前方（图 2-102）。

2．动作要领

（1）按时两臂不可伸直，手心要向前，手指高不过头，手腕微塌。按掌要与向前弓腿协调一致。

（2）两手弧形前按，力的方向是向前、向上。目的在于使对方身体重心升高，脚下失去根基，比较容易将对方推出。

3．易犯错误

（1）两臂后引时，身体过分后仰。

（2）前按时力的方向不是向前上方，而是向正前方。

4．攻防含义

（1）掤的用法。

揽雀尾的掤是防守动作，左手屈臂迎架对方的来手，并随时感觉对方的劲力变化，以应其变。

（2）捋和挤的用法。

当对方出右拳向我方进攻时，应右手托拿对方手腕，左掌附于对方的有肘关节，转腰侧身，双手向右下方“捋”，使其扑空。如对方反抗，向后挣脱，则可顺其势屈臂用“挤”，进攻对方的胸肋。

（3）按的用法。

如果对方用双掌向我方正面进攻，可用双手由上向下按压对方两臂，化解其前推之力，然后左脚向前上步，双手从腰间向前上方推掌，将对方推开。

八、右揽雀尾

扫一扫，
观看视频

（一）动作规格及路线

1．转身扣脚分手

重心后移，上体右转，左脚内扣；右手经头前划弧摆至身体右侧；重心随之移至右腿；两手掌心向外；目视右手

（图 2-103）。

2．转腰抱手

重心左移至左腿，右脚收至左脚内侧，脚尖点地；左手向上，右手向下抄抱，手心相对，在腹前成抱球状；目视左手（图 2-104）。

图 2-103

图 2-104

掤

（1）转腰上步（同左揽雀尾，方向相反）（图 2-105）。

图 2-105

图 2-106

（2）弓步掤手（同左揽雀尾，方向相反）（图 2-106）。

捋

（1）转腰摆臂（同左揽雀尾，方向相反）（图 2-107）。

（2）后坐转腰捋（同左揽雀尾，方向相反）（图 2-108）。

图 2-107

图 2-108

挤

（1）转腰搭手（同左揽雀尾，方向相反）（图 2-109）。

（2）弓步前挤（同左揽雀尾，方向相反）（图 2-110）。

图 2-109

图 2-110

按

（1）坐腿后引（同左揽雀尾，方向相反）（图 2-111）。

（2）弓步前按（同左揽雀尾，方向相反）（图 2-112）。

图 2-111

图 2-112

（二）动作要领

同左揽雀尾。

（三）攻防含义

同左揽雀尾。

（四）易犯错误

同左揽雀尾。

九、单鞭

扫一扫，
观看视频

（一）动作规格及路线

1．扣脚左云

上体后坐，身体重心逐渐移至左腿上，右脚尖里扣；同时上体左转，两手（左手逆时针，右手顺时针，左高右低）向左弧形运转，直至左臂平举，伸于身体左侧，手心向左，右手经腹前运至左肋前，手心向后上方；眼看左手（图 2-113）。

2．转腰右云

身体重心再逐渐移至右腿上，上体右转，同时左手逆时针，右手顺时针继续弧形运转，直至身体右侧，右臂平举，伸于身体右侧，手心向内，左手经腹前运至右肋前，手心向内；眼看右手（图 2-114）。

图 2-113

图 2-114

3．勾手收脚

左脚向右脚靠拢，脚尖点地；同时右手向右上方划弧（手心由里转向外），至右侧方时变勾手，臂与肩平；左手向下经腹前向下划弧停于右肩前，手心向里；眼看左手（图 2-115）。

4．弓步推掌

上体微向左转，左脚向左前侧方迈出，右脚跟后蹬，成左弓步；在身体重心移向左腿的同时，左掌随上体继续左转慢慢翻转向前推出，手心向前，手指与眼齐平，臂微屈；眼看左手（图 2-116）。

图 2-115

图 2-116

（二）动作要领

（1）两手在做交叉运转时，胸要含，肩要沉，臂要屈，肘要垂，腕要柔，动作路线成弧形。

（2）左手向外翻掌前推时，要随转体边翻边推出，推掌与转身弓步同时到位，不要翻掌太快或最后突然翻掌。

（3）定势时，右肘稍下垂，左肘与左膝上下相对，两肩下沉；勾手高不过头，两臂皆不可伸直，避免挺胸抬头。定势时要松腰、松胯、沉气、沉腕、展掌、舒指。

（4）弓步倾斜向左前方，不可成交叉，如面向南起势，单鞭的方向（左脚尖）应向东偏北（大约 15°）。

（5）全部过渡动作，上下要协调一致。

（三）攻防含义

（1）如果对方用左手向我进攻，可以用勾右手向外挑挡对方左手，左脚迅速上步，同时左掌进攻对方胸部，使其向后跌倒。

（2）如果对方用右手向我方头部进攻，可以用左臂向外挑挡对方右手，左脚迅速向对方右腿外侧上步，同时左掌进攻对方胸部，使其向后跌倒。

（四）易犯错误

（1）两手在做交叉运转时，易出现两手运转路线方向错误，两臂直臂摆或弧线不明显。

（2）定势时，两臂太直，挺胸抬头或身体前俯。

（3）定势时，弓步太小，造成身体直立；右脚等运转角度不足，造成弓步开裆。

（4）运动运行过程中两臂、腰和脚步配合不协调。

十、云手

扫一扫，
观看视频

（一）动作规格及路线

1．坐腿转腰扣脚右云手

身体重心移至右腿上，身体渐向右转，左脚尖里扣；左手经腹前向右上划弧至右肩前，手心斜向后，同时右手变掌，手心向前；眼看左手（图 2-117）。

2．并步左云手

上体慢慢左转，身体重心随之逐渐左移；左手由脸前向左侧运转，手心渐渐转向前；右手由右下经腹前向左上划弧至左肩前，手心斜向内；同时右脚靠近左脚，成小开立步，两脚距离 10～20 cm；眼看右手（图 2-118）。

图 2-117

图 2-118

3．出左脚右云手

上体再向右转，左腿向左横跨一步；右手经脸前向右侧运转，手心翻转向外；同时左手经腹前向左划弧至右胸前，手心斜面向内；眼看右手（图 2-119）。

4．并步左云手

同 2（图 2-120）。

图 2-119

图 2-120

5. 出左脚右云

同 3（图 2-121）。

6. 并步左云

同 2（图 2-122）。

图 2-121

图 2-122

（二）动作要领

（1）下肢移动时，身体重心要稳定，两脚掌先着地再踏实，脚尖向前。注意脚步移动要“点起点落”“轻起轻落”，移动时，身体也不可忽高忽低、左右歪斜。应做到身手合一，转腰带手。

（2）两脚尖应向前，步幅要适度，并步时两脚应距离 10～30 cm。

（3）两臂随腰的转动而运转，要自然圆活，呈立圆，两臂速度要缓慢均匀，动作要连贯。臂不可僵直或屈成三角形，手高不过眉，两掌在云拨中翻转拧裹，肩不可上耸。两掌运转要与转腰松胯、移动重心协调配合，不可只是摆动两臂而无腰的转动。

（4）第三个“云手”的右脚最后跟步时，脚尖微向里扣，便于接“单鞭”动作。

（5）眼的视线随左右手移动。

（三）攻防含义

云手是防守动作，用前臂或手拨开对方的进攻。对方用左右手连续进攻，我方则用云手连续破解对方；也可以用右手拨开对方的右手后，左手插入对方腋下向右横列进攻。

（四）易犯错误

（1）两臂运转路线错误或两手运转时配合不协调。

（2）两臂运转路线不圆活，没有呈弧形。

（3）两臂运转机械、僵硬，不是在以腰带手的情况下运转，形成了腰不旋转，单纯两臂轮摆。

（4）侧行步两脚之间距离太大或太小，两脚呈“八字脚”。

（5）眼神变化不自然，眼神没有跟随两手划弧移动，眼神转换没有与左右手的运动相配合，出现眼睛死盯着手或始终看前方的错误。

知识拓展

太极拳的圆弧运动

从前面已经学过的动作中，我们可以看出太极拳动作是处处带有弧形，弧线运动贯穿于套路的始终。因此有必要对此进行如下解释。

太极拳圆弧运动的表现

太极拳练习时要求动作圆活、连贯，集中表现为圆弧运动，主要有以下几种圆弧运动。

（1）平圆：平圆指圆面平行或近似平行身体平面的圆，“左搂膝拗步”，中左手搂膝的动作为平圆。

（2）立圆：凡动作所划的圆，其回面垂直近似于垂直体平面的圆为“立圆”。最典型的如“云手”动作，两手同时按照顺时针和逆时针方向划立圆。

（3）球圆：指两手臂在动作时所做出圆球的形态。相关动作有“野马分鬃”“揽雀尾”“左右穿梭”等。

中华古代哲学思想的体现

太极拳之名出自太极阴阳哲学。宋代周敦颐的《太极图说》也有：“无极而太极。太极动而生阳，动极而静，静而生阴，静极复动。一动一静，互为其根；分阴分阳，两仪立焉。”太极阴阳学说是中国古代哲学的重要理论基础。太极与阴阳同出一理，阴阳是我国古代以朴素的唯物观点来概括一切事物的统一与对立的学说。从太极图的外形到理论处处都蕴含着“圆”。所以，太极拳中的圆是古代哲学思想的体现。

圆弧运动符合生物力学特点

太极拳的圆弧形另一个重要作用就是使人体受力均匀。大家应该都知道“蛋壳原理”。一个小小鸡蛋，一般人很难把它捏碎，这是因为蛋壳的外形弯曲均匀而且对称，当蛋壳外部某一部分受到压力时，便均匀地传给周围其余各部分。如果有外力作用于人体，太极拳中两臂撑圆，以弧形来迎接外力，这样就能较好地将外力分散到身体各个部位，从而减少外力对人体的冲击。

圆弧运动是连绵不断运动节奏的需要

太极拳任何一个动作都要走弧线。太极拳运动节奏是：动作与动作之间没有绝对的停顿，前一动作的结束即为下一动作的开始，有似断不断之感。从而形成了太极拳连绵不断的运动特点。

圆弧运动是技击需要

对方向我方攻击，我方切忌直接从相反的方向去用力抵抗，圆弧形动作轨迹优点在于灵活，易于改变方向，最善于把握战机。首先，圆弧形运动可以改变对方力的方向，达到化解对方进攻的目的。其次，化解了对方进攻之力后，对方身体失去平衡，通过圆弧运动易于变化的优点，迅速出击，顺着对方进击的方向，加力于对方身上。

圆弧运动是健身养生的需要

太极拳动作圆转曲折，练习时全身上下都有大小不同、或明或暗的圆形动作在和谐地进行，使得人体骨骼、肌肉都得到放松，缓慢均匀地活动，但这种放松并不是完全的松懈，而是用劲不用力，以意念引导动作，从而使中枢神经系统得到锻炼，起到了调节作用。所以太极拳的圆形动作在锻炼效果上，不是任何直线动作所能相提并论的，它对中枢神经系统、呼吸和心血管系统、消化系统等运动器官都有良好的作用。

十一、单鞭

扫一扫，
观看视频

（一）动作规格及路线

1. 转体提勾

上体向右转，身体重心落在右腿上，以腰带右手随之向右运转，至右侧方时变成勾手；左手经腹前向右上划弧至右肩前，手心向内；左脚尖点地；眼看左手（图 2-123）。

图 2-123

图 2-124

2．弓步推掌

上体微向左转，左脚向左前侧方迈出，脚跟着地，右脚跟后蹬，成左弓步；在身体重心移向左腿的同时，上体继续左转，左手经面前向左划弧，慢慢翻掌向前推出，成“单鞭”式（图 2-124）。

（二）动作要领（见九、单鞭）

（三）攻防含义（见九、单鞭）

（四）易犯错误（见九、单鞭）

十二、高探马

扫一扫，
观看视频

（一）动作规格及路线

1．跟步托掌

右脚向前半步，脚前掌着地；左掌慢慢翻转，掌心向上，右勾手变掌，慢慢翻转，掌心向上；眼看右手（图 2-125）。

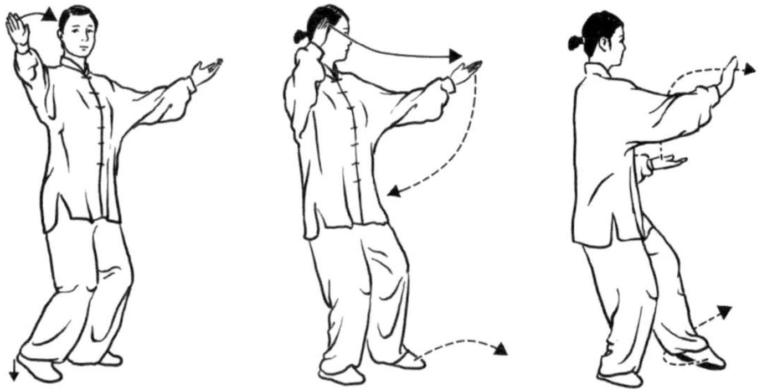

图 2-125　　图 2-126　　图 2-127

2．坐腿收手

右脚全脚掌着地，重心移至右腿，左脚跟提起，右腿屈坐；右臂卷收至头侧，高与头平，掌心斜向下；眼看左手（图 2-126）。

3．虚步推掌

身体微左转，右肩前送，右掌经右耳旁向前推出，手心向前，手指与眼同高；左手收至左侧腰前，手心向上；同时左脚微向前移，脚尖点地，成左虚步；眼看右手（图 2-127）。

（二）动作要领

（1）上体自然正直，双肩要下沉，右肘微下垂。跟步移换重心时，身体不要有起伏。

（2）上体左转与推右掌、收左掌协调一致。

（3）虚步推掌应在转腰顺肩的配合下完成；身体保持中正、舒展、动作协调一致。

（三）攻防含义

如果对方用右拳或右掌向我方进攻，我方左掌托拿对方向右手，随即左前臂外旋向左下方引化，右手趁势直击其面，故又称“扑面掌”。

（四）易犯错误

（1）两手翻掌掌心向上端起肩部时，肩部僵硬，缺乏两肘下垂的意识。

（2）两腿虚实不分明。

（3）两腿虚实转换时，身体重心有明显起伏。

十三、右蹬脚

扫一扫，
观看视频

（一）动作规格及路线

1．活步穿掌

左手手心向上，前伸至右腕背面，两手相互交叉（左手掌心向上，右手掌心向下）；左脚收提后再向左前方迈出，脚跟着地；眼看左手（图 2-128）。

2．弓步分手

左脚踏实，左腿屈弓，重心慢慢移至左腿；两手向两侧分开并向下划弧，手心斜向下；眼看右手（图 2-129）。

图 2-128

图 2-129

3．抱手收脚

两手由外圈向里圈划弧，交叉合抱于腹前，左手在内，右手在外，两掌心向内，并举至胸前；右脚收至左脚内侧，脚尖点地；眼看右前方（图 2-130）。

4．蹬脚分掌

两臂左右划弧分开平举、外撑，至身体两侧，肘部微屈，手心均向外，大约与肩平；同时右腿屈膝抬起，右脚脚尖勾起，向右前方慢慢蹬出，右腿与右手方向一致；眼看右手（图2-131）。

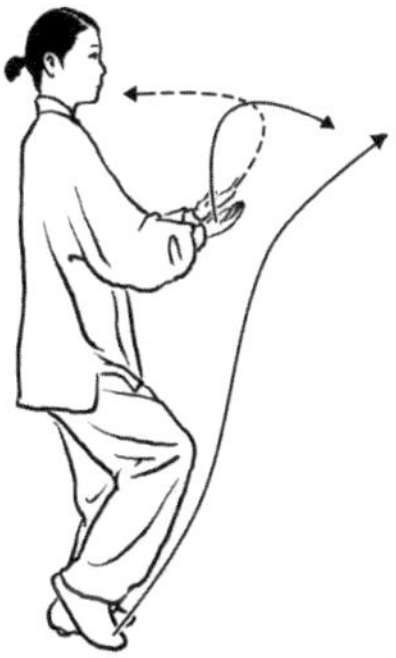

图2-130

图2-131

（二）动作要领

（1）身体要稳定，不可前俯后仰。首先，重心转移要稳；其次，收脚时要稳；再次，提膝蹬脚要稳，速度缓慢均匀，不可操之过急。

（2）两手合抱和分开时走弧线；上举时高度不可超过头；两手分开时，腕部与肩齐平。

（3）蹬脚时，左腿微屈，右脚尖回勾，力点在脚跟。蹬脚高度应高于水平，初学者可适当降低要求。

（4）分手和蹬脚须协调一致，右臂和右腿上下相对，如面向南起势，蹬脚方向应为正东偏南约30°。

（5）眼神变化：穿掌时眼看左手；分手时眼看右手；抱手时眼看右前方蹬脚方向；蹬脚时眼看右手。

（三）攻防含义

如果对方用右掌向我方头部进攻，可用左手格挡对方的掌，同时用“蹬脚”攻击对方的腹部。

（四）易犯错误

（1）单脚支撑不稳定，身体晃动。

（2）两手路线没有划弧。

（3）合抱时身体前俯，且两手离身体太近。

（4）上下肢动作脱节。

（5）蹬脚时身体后仰且蹬脚和分手方向不一致。

（6）蹬脚高度过低。

十四、双峰贯耳

扫一扫，
观看视频

（一）动作规格及路线

1. 屈膝并手

右腿收回，屈膝平举，脚尖自然下垂；左手由后向上、向前下落，与右手同时向下划弧分落于右膝两侧，两手心均翻转向上；眼看前方（图 2-132）。

2. 落步收手

右脚向右前方落下，脚跟着地，脚尖斜向右前方约 30°，面向右前方；同时两手收至腰两侧，掌心向上（图 2-133）。

图 2-132

图 2-133

3．弓步贯拳

重心慢慢前移，右腿屈弓，左腿自然蹬直，成右弓步；两手握拳从身体两侧向上、向前弧形摆至头前方，成钳形状，前臂内旋，两拳相对，高与耳齐，拳眼都斜向下，两拳中间距离为10～20 cm；眼看右拳（图 2-134）。

图 2-134

（二）动作要领

（1）两拳经两侧向前上方横打，高不过头，低不过口，相距约一头宽，拳眼斜向下，两臂如钳状。

（2）定势时，弓步和身体方向与右蹬脚方向相同，弓步的两脚跟横向距离同“揽雀尾”式。

（3）贯拳时，两拳松握，拳眼向下，贯拳力点在拳面，两臂均保持弧形，立身中正，沉肩坠肘。

（三）攻防含义

如果遇到对方用双拳向腹部进攻，可以两手从内向外化解对方的双拳，然后两手迅速变拳从身体两侧向前上方弧形摆打，横击对方太阳穴。

（四）易犯错误

（1）屈膝并手和落步收手时，身体容易后仰。

（2）贯拳时两手不走弧形，两臂没有内旋，出现平拳；两手握拳过紧或过松。

（3）定势时两肘上抬，身体没有保持正直，出现身体前俯，低头哈腰的错误。

十五、转身左蹬脚

扫一扫，观看视频

（一）动作规格及路线

图 2-135

1．转腰扣脚分手

左腿屈膝后坐，身体重心移至左腿，上体左转，右脚尖里扣；同时两拳变掌，由上向左右划弧分开，至身体两侧，手心向前；眼看左手（图 2-135）。

2．抱手收脚

身体重心再移至右腿，左脚收到右脚内侧，脚尖点地；同时两手向下划弧合抱于胸前，左手在外，手心均向后；眼平看左方（图 2-136）。

3．蹬脚分掌

右腿支撑，左腿屈膝提起，左脚勾脚尖向左前方慢慢蹬出，力达脚跟；同时两臂左右划弧分开平举，至身体两侧，肘部微屈，手心均向外；左腿与左手相对；眼看左手（图 2-137）。

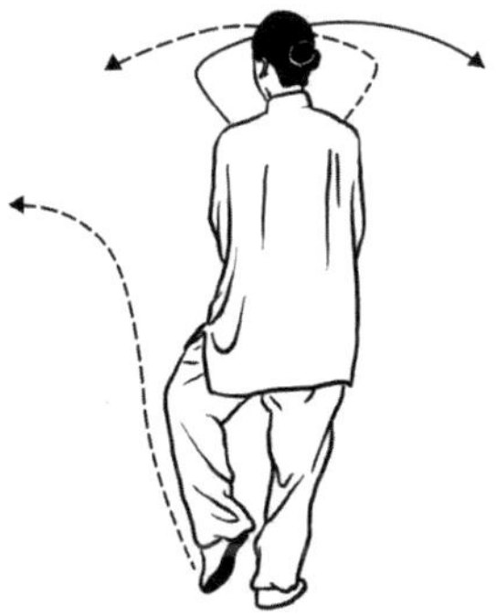

图 2-136

图 2-137

（二）动作要领

与左蹬脚式相同，只是左右相反。左蹬脚方向与右蹬脚成 180° 角（即正西偏北，约 30°）。

（三）攻防含义

转身拨开对方的进攻，随即用左脚蹬踹对方。

（四）易犯错误

（1）转身时手脚配合不协调，上下肢动作脱节。

（2）单脚支撑不稳定，身体晃动。

（3）两手路线没有划弧。

（4）合抱时身体前俯，且两手离身体太近。

（5）蹬脚时身体后仰且蹬脚和分手方向不一致。

（6）蹬脚高度过低。

扫一扫，
观看视频

十六、左下势独立

（一）动作规格及路线

1．收脚提勾

左腿收回平屈，继而下垂贴于小腿内侧；上体右转，右掌变成勾手，左掌向上、向右划弧下落，落于右肩前，掌心斜向右；眼看右手（图 2-138）。

2．仆步穿掌

右腿慢慢屈膝下蹲，左腿贴地面向左侧（偏后）伸出，全脚掌着地，成左仆步，眼看右手；左掌下落（掌心向外，成侧立掌）经腹前沿左腿内侧向前穿出，目视左手（图 2-139）。

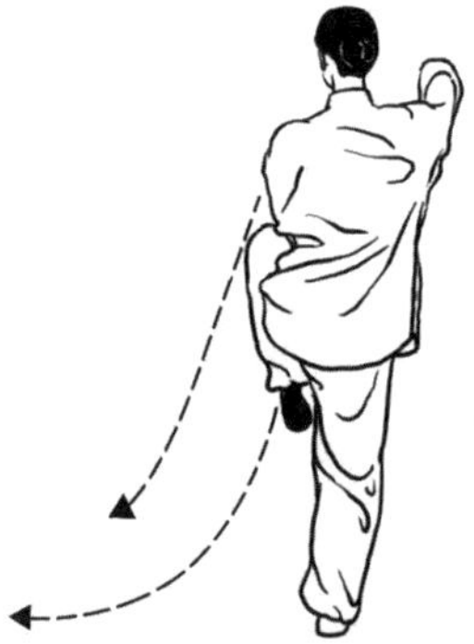

图 2-138

图 2-139

3．弓步挑手

身体重心前移至左腿，左脚跟为轴，脚尖外撇，左腿前弓，右腿后蹬，右脚尖里扣，上体微向左转并向前起身，成弓步；同时左臂继续向前伸出（立掌），掌心向右，右勾手下落，勾尖向后；眼看左手（图 2-140）。

图 2-140

图 2-141

4．独立挑掌

重心前移，完全置于左腿，右腿慢慢提起平屈，脚尖自然下垂，成左独立势；左手慢慢下落至于左胯旁，手心向下，指尖向前；同时右手变掌，并由后下方顺右腿外侧向前弧形上挑，屈臂立于右腿上方，肘与膝相对，手心向左，指尖向上，高与眼平；眼看右手（图 2-141）。

（二）动作要领

（1）左手，左小腿回收协调一致。

（2）仆步时，右腿全蹲，上体不可过于前倾。左腿伸直，左脚尖须向里扣，两脚脚掌全部着地。左脚尖与右脚跟踏在中轴线上。

（3）独立挑掌时，上体要正直，独立的腿要微屈，右腿提起时脚尖自然下垂。

（4）定势时，支撑腿稍屈站稳，左脚外撇大约45°，右腿屈膝，大腿高于水平，膝关节方向向前。

（5）无论挑掌或撑掌，两臂都要成弧形。

（三）攻防含义

（1）对方用左拳进攻我方头部，可用右手抓其手腕向右引化，随即蹲身下势用左腿、左掌插入对方裆下将其掀起；如对方抽手向后撤步并用右手攻击我方，我方则顺势用左掌再抓其右腕，用右掌上挑其大臂，同时以右膝顶撞对方的裆部。

（2）如果对方用右拳向我方进攻，我方用左掌抓其右腕下采，接着近身提右膝顶撞对方的腹部，同时右手卡对方的颈部。

（四）易犯错误

（1）由于髋关节、膝关节柔韧性太差，导致仆步下势时身体重心太高，身体前倾过大，臀部上抬。

（2）仆步下蹲时左脚尖没有内扣，右脚脚跟离地，重心落在两腿之间，导致仆步两脚之间距离过大，下一动作无法完成。

（3）仆步穿掌时，左右臂不能兼顾，导致右臂方向错误或没有充分伸展，出现下垂。

（4）独立时，身体出现晃动，右脚出现勾脚；右臂屈肘角度过大。

十七、右下势独立

扫一扫，观看视频

（一）动作规格及路线

1．收脚提勾

右脚下落于左脚前，脚掌着地；然后左脚前掌为轴，脚跟转动，身体随之左转同时左手向后平举变成勾手，右掌随着转体向左侧划弧，立于左肩前，掌心斜向后，眼看左手（图 2-142）。

2．仆步穿掌

左腿慢慢屈膝下蹲，右腿贴地面向右侧（偏后）伸出，全脚掌着地，成右仆步，眼看左手；右掌下落（掌心向外，成侧立掌）经腹前沿右腿内侧向前穿出，目视右手（图 2-143）。

图 2-142

图 2-143

3．弓步挑手

身体重心前移至右腿，右脚跟为轴，脚尖外撇，右腿前弓，左腿后蹬，左脚尖里扣，上体微向右转并向前起身，成弓步；同时右臂继续向前伸出（立掌），掌心向左，左勾手下落，勾尖向后；眼看右手（图 2-144）。

4．独立挑掌

重心前移，完全置于右腿，左腿慢慢提起平屈，脚尖自然下垂，成右独立势；右手慢慢下落至右胯旁，手心向下，指尖向前；同时左手变掌，并由后下方顺左腿外侧向前弧形上挑，屈臂立于左腿上方，肘与膝相对，手心向右，指尖向上，高与眼平；眼看左手（图 2-145）。

图 2-144

图 2-145

（二）动作要领

收脚提勾时，右脚尖触地后必须稍微提起，然后再向下仆腿，其他均与“左下独立势”相同，只是左右相反。

（三）攻防含义

与“左下势独立”相同，方向相反。

（四）易犯错误

收脚提勾时，重心落于右脚，造成以右脚为轴转身；右手没有划弧而是直接收至左肩前。其余与“右下势独立”同。

十八、左右穿梭

扫一扫，观看视频

（一）动作规格及路线

右穿梭

1. 抱手出脚

身体微向左转，左脚向前落地，脚尖外撇，右脚跟离地；同时左手翻转掌心向下至左胸前，右手翻转（掌心向上）摆至左腹前，两手上下相对在左胸前成抱球状（左上右下）；然后右脚收到左脚的内侧，脚尖点地；眼看左前臂（图 2-146）。

图 2-146

图 2-147

2. 架手推掌

身体右转，右脚向右前方迈出，脚跟着地，然后逐渐过渡到全脚掌着地，屈膝弓腿，成右弓步；右手由脸前向上翻转上举，架于右额前上方，掌心斜向上；左手先向左下再经体前向前推出，高与鼻尖平，手心向前；眼看左手（图 2-147）。

左穿梭

1. 抱手收脚

身体重心稍后移，右脚尖稍向外撇，上体右转，随即身体重心再移至右腿；右手下落于头前，左手稍向下、向后划弧落至腹前，左右手上下相对在右胸前成抱球状（右上左下）；左脚跟进，停于右脚内侧，脚尖点地；眼看右手（图 2-148）。

2. 架手推掌

身体左转，左脚向左前方迈出，脚跟着地，然后逐渐过渡到全脚掌着地，屈膝弓腿，成左弓步；左手由脸前向上翻转上举，架于左额前上方，掌心斜向上；右手先向右下再经体前向前推出，高与鼻尖平，手心向前；眼看右手（图 2-149）。

图 2-148

图 2-149

（二）动作要领

（1）左右穿梭的弓步方向和推掌方向一致，面向斜前方（左穿梭方向为前方偏右30°；右穿梭方向为前方偏左30°）。

（2）手推出后，上体不可前俯或后仰。

（3）穿梭定势时，前推之手高不过眉，低不过腰；做弓步时，两脚跟的距离同搂膝拗步式，保持在30 cm左右。

（4）手上举、前推和弓腿上下要协调一致，保持沉肩垂肘，松腰敛臀，两臂成弧形。

（三）攻防含义

如果对方用左掌或拳进攻我方面部，可以在上右步的同时，右掌托架其前臂，左掌推击其胸部。如果对方用右掌或拳进攻我方面部，可以在上左步的同时，左掌托架其前臂，右掌推击其胸部。

（四）易犯错误

（1）抱球时两肘紧贴肋部，出现夹肘。

（2）穿梭定势动作，上架臂侧肩上耸，身体侧歪、前倾或后仰。

（3）推掌时，推掌方向与弓步方向不一致；掌过高或过低。

（4）上下肢配合不协调。

十九、海底针

扫一扫，
观看视频

（一）动作规格及路线

1．跟步提手

右脚向前跟进半步，距前脚大约一脚，继而右腿屈膝，身体重心移至右腿，左脚跟提起；同时身体稍向右转，右手下落经体前向后、向上提抽至肩上耳旁，指尖斜向下；左手随身体右转，向右划弧下落至腹前，掌心向下，指尖斜向右；目视前方（图 2-150）。

2．虚步下插

左脚稍向前移，脚尖点地，成左虚步；右手随身体左转，由右耳旁斜向前下方插出，掌心向左，指尖斜向下；与此同时，左手经左膝前划弧搂至大腿外侧，手心向下，指尖向前；目视前下方（图 2-151）。

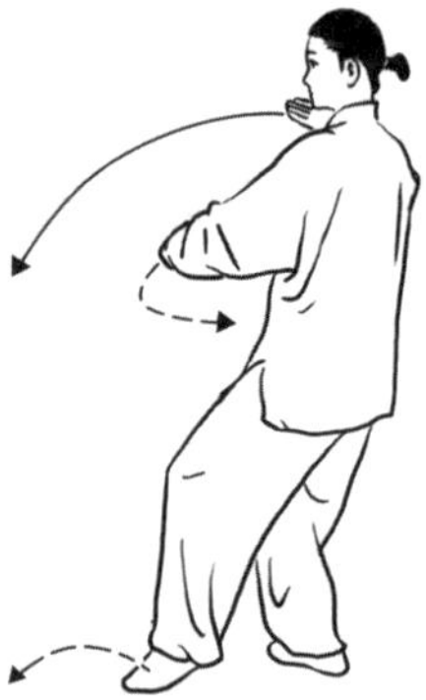

图 2-150

图 2-151

（二）动作要领

（1）身体要先向右转，再向左转。

（2）两手的动作路线为：右手在体侧划立圆弧，左手在体前划平圆弧。

（3）虚步下插，两腿虚实要分清，下插时右手力点在指尖。

（4）完成姿势，上身前俯不超过45°，避免低头和臀部外凸；右臂伸向斜前方，手指指向前下方。

（三）攻防含义

如对方用右脚蹬我方腹部，可以用左掌搂开对方的右蹬脚，随之上步用右掌下插击其小腹。

（四）易犯错误

（1）定势时虚步太高，身体重心落于两腿，上体明显前倾，低头弯腰。

（2）腰过于僵硬，没有用腰部的转动来带动两手的动作。

（3）两手动作没有走弧形。

（4）右手下插动作不明显，做成“下砍”的动作。

二十、闪通臂

扫一扫，观看视频

（一）动作规格及路线

1．收脚提手

上体直立并稍向右转，右腿屈膝支撑身体，左脚收回，落于右脚内侧，脚尖点地；同时右手由体前上提，屈臂上举，停于右额前上方，掌心向左，指尖朝前；左手向上回收，五指附于右手手腕；目视前方（图2-152）。

2．弓步推掌

左脚向前迈出，屈膝弓腿成左弓步；左手向前推出，高与鼻尖平，手心向前；右手架于头侧上方，掌心斜向上；眼看左手（图2-153）。

图 2-152

图 2-153

（二）动作要领

（1）提手收脚，左脚轻轻点地，重心在右腿。

（2）推掌、架掌和弓腿动作要协调一致；两臂皆成弧形，前掌高不过头，低不过口，身体中正不倚，松腰松胯。

（3）完成姿势时，弓步两脚跟横向距离同“揽雀尾”式（不超过 10 cm）。

（三）攻防含义

对方用右掌或拳由上向下劈我方头部，我方可以用右掌向前上方挑架对方的右前臂，同时上左步用左掌推击其胸部。

（四）易犯错误

（1）提手收脚时，用双腿支撑身体重量。

（2）完成该势时，身体正对弓步方向。

（3）推掌、架掌和弓步三者配合不协调，出现上下或左右动作脱节。

二十一、转身扳拦捶

（一）动作规格及路线

扫一扫，
观看视频

1．转身扣脚

上体后坐，右腿屈膝，身体重心移至右腿，身体右转，左脚尖里扣，与此同时，两手向右侧摆动，右手摆至身体右侧，左手摆至头左前上方，两掌心向外，目视右手（图 2-154）。

2．坐腿握拳

左腿屈膝，身体重心再移至左腿；身体继续右转，右手随着转体向右、向下（变拳）经腹前划弧至左肋旁，拳心向下；左掌撑举于额头左上方，掌心斜向上；眼看前方（图 2-155）。

图 2-154

图 2-155

3．摆脚搬拳

身体右转，右脚回收至右脚内侧（不要停顿或脚尖点地），随即向前迈出，脚跟着地，脚尖外撇；右拳经胸前（左手和胸之间）向前翻转搬压，拳心向上，高与胸平；左手经右前臂外侧下落按于胯旁，掌心向下，指尖向前；眼看右拳（图 2-156）。

4．上步拦拳

上体右转，身体重心移至右腿，左脚向前迈一步，脚跟着地；右臂内旋，右拳向右、向外划弧收到右腰旁，拳心向上；左臂外旋，左手上起经左侧向前上划弧拦出，拦至体前，高与肩平，掌心向右，指尖斜向上；眼看左掌（图 2-157）。

图 2-156

图 2-157

图 2-158

5．弓步打拳

重心前移，左腿前弓，右腿自然蹬直，呈左弓步；同时右拳向前打出，肘微屈，拳眼向上，高与胸平；左手回收，掌指附于右前臂里侧；眼看右拳（图 2-158）。

（二）动作要领

（1）身体重心的转移要清楚，

并与上肢动作配合协调。

（2）搬（压）拳时，两臂不可伸直，要有弧形。

（3）拦拳时，左臂要外旋，右臂要内旋，并同时划弧。

（4）弓步打拳时，右肩随拳略向前引伸，沉肩垂肘，右臂要微屈；弓步两脚横向距离同“揽雀尾”式。

（三）攻防含义

如对方用右拳向我方进攻，我方可以用左掌防挡对方的右冲拳，随即转身用右拳“搬”打其面部；如对方用左手封挡我方的“搬”拳并用右手反击，我方则可以用右拳外划，左掌内拦对方的右手，并随之进步用右拳冲打其胸部。

（四）易犯错误

（1）身体重心转移不明显，步法的虚实不清楚。

（2）搬、拦动作没有弧形，直来直去。

（3）弓步打拳时，身体前俯。

（4）脚快手慢，上下肢动作脱节。

扫一扫，
观看视频

二十二、如封似闭

（一）动作规格及路线

1．穿手翻掌

左手翻转向上，由右腕下向前穿出，右拳变掌，两手手心逐渐翻转向上，两手交叉伸于胸前，目视前方（图2-159）。

2．坐腿后引

重心后移，右腿屈膝，身体后坐，重心落于右腿；左脚尖翘起；两手分开与肩同宽同时后引（边分开边后引），卷收至胸前，掌心斜相对；目视前方（图 2-160）。

图 2-159

图 2-160

3．弓步推掌

重心前移，右腿自然蹬直，左腿屈膝前弓成左弓步，两掌经腹前向上、向前推出，与肩同宽，腕部与肩平，手心向前，指尖向上；目视前方（图 2-161）。

图 2-161

（二）动作要领

（1）两掌后收时以肘关节牵引，边分边后引，不可扬卷前臂。

（2）身体后坐时，上体保持中正，避免后仰，臀部凸出。

（3）推掌时，两掌要边按边推，弧形向前推出。

（三）攻防含义

如果对方用双掌进攻我方胸部，可以用双掌托其前臂顺势向后引化，使对方进攻落空，对方欲抽手后退，我方再乘势用“双推掌”反攻对方胸部。

（四）易犯错误

（1）身体后移，两手回抽时上体后仰凸肚。

（2）两掌按推时，身体前俯凸臀。

二十三、十字手

扫一扫，
观看视频

（一）动作规格及路线

1．转身分手

上体右转，右腿屈膝，重心后坐，随即身体继续右转，右脚尖随着转体稍向外撇，身体重心移向右腿，左脚尖里扣，左腿自然蹬直，成右侧弓步；右手随着转体动作向右平摆划弧，与左手成两臂侧平举，掌心向前，肘部微屈；眼看右手（图 2-162）。

图 2-162

2．交叉搭手

上体左转，左腿屈膝，身体重心慢慢移至左腿，右腿自然伸直，脚尖里扣，呈左侧弓步；同时两手向下经腹前向上划弧交叉合抱于胸前，两臂撑圆，腕高与肩平，右手在外，呈“十”字，手心均向后；目视前方（图 2-163）。

3．收脚合抱

上体转正，右脚提起，向左收回半步，两脚平行向前，与肩同宽，两腿逐渐蹬直，成开立步；两手交叉合抱于胸前；目视前方（图 2-164）。

图 2-163

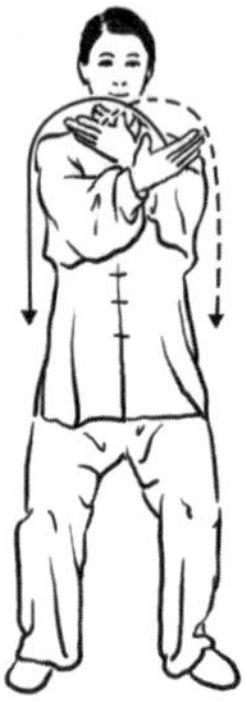

图 2-164

（二）动作要领

（1）身体重心的平移要平稳，并要与撇脚、扣脚协调配合。

（2）两手合抱时，上体不要前俯；站起后，身体自然正直，头要微向上顶，下颌稍向后收，沉肩垂肘，两臂撑圆。

（三）攻防含义

对方用右拳攻我方，可以两手呈“十”字上接对方来拳，在防守对方的同时，我还可以根据对方的变化伺机而动，进攻对方。

（四）易犯错误

（1）身体重心在左右腿的转换不明显或身体重心起伏过大。

（2）两手分开合抱，上体易弯腰前倾。

（3）“十字手”两臂没有撑圆，导致动作耸肩、夹肘。

二十四、收势

扫一扫，
观看视频

（一）动作规格及路线

1．翻掌落手

两臂内旋，两手翻掌，手心向下，左右分开，与肩同宽；两臂慢慢下垂，两手落于身体两侧；目视前方（图 2-165）。

2．并步还原

左脚轻轻提起与右脚并拢，脚前掌先着地，随之全脚踏实，同预备姿势；目视前方（图 2-166）。

图 2-165

图 2-166

（二）动作要领

（1）两手翻掌左右分开时，要边翻边分。

（2）两手下落时，要注意全身放松，同时气也徐徐下沉（呼气略加长）。

（3）左脚收回时注意“点起点落”，动作轻且稳。

(三)易犯错误

(1)两手分开下落时，两臂太直，看上去很僵硬。

(2)并步收脚时，身体重心起伏过大，脚步沉重。

知识拓展

练习24式太极拳的呼吸方法

太极拳结合了中医经络学说和哲学阴阳学说以及古代导引、吐纳之术。“以意行气，以气运身”，内气发源于丹田，以腰为主宰发力于全身。太极拳讲究意念引导动作，气沉丹田，心静体松，重在内壮，把呼吸与手、眼、身、法、步进行协调配合，所以太极拳非常强调呼吸。

一、呼吸与肢体运动

呼吸首先符合人体解剖学原理，人在做扩胸、伸展的运动时，胸廓自然扩大，提供了纳气的空间。反之，胸廓收缩，加速了二氧化碳的排出。

在太极拳非周期性运动练习中的呼吸，应以人体关节运动的解剖学特征与技术动作的结构特点为转移。

肢体运动的升降、开合、吞吐、进退、屈伸、收发等都要呼吸运动相配合，一般情况下进为呼，退为吸；开为吸，合为呼；发为呼，收为吸；降为呼，升为吸；往为呼，来为吸。两臂前屈、外展、外旋、扩胸、提肩时，采用吸气比较有利；完成与上述动作相反的练习时，采用呼气比较适当。

从一呼一吸的张弛交错中产生出动静结合，动中有静，静中有动，动极而静，静极复动，相互制约，相互协调。

太极拳的呼吸应与动作节奏相一致，与动作快慢、轻重、缓急相匹配。在动作过程中一般要吸气，在一个动作的结束或定势时要呼气或沉气。

二、呼吸与劲力

内气与劲力又有什么关系呢？俗话说“气力”或“力气”，这就是把气与力联系在一起了，说明有气才有力，有力必有气。现代运动生理科学研究了呼吸与力量的关系，其结论是：吸气时力量较小，呼气时力量较大，闭气时力量最大。这表明外气的呼出，恰好是内气到达四肢末梢的时候，因此肢体力量较大。所以拳术的呼吸与动作配合问题，是符合这个原则的，即在演练太极拳套路动作的运行过程中吸气，在动作结束时呼气。由于拳术是由古代搏斗术发展而来的，其动作与呼吸的配合问题，就必须充分考虑到力量的发挥。其中闭气时力量虽然最大，但闭气不慎容易伤身。因此，太极拳是不主张闭气的。由于吸气时力量最小，重心较高，有利于蓄势和运化；呼气时力量较大，重心较低，有利于发劲。根据这个原理，“发呼蓄吸”就成了太极拳呼吸与动作配合的一条主要原理。

三、24式太极拳中如何正确地运用呼吸

（1）太极拳中首要一点就是“气沉丹田”，意识引导呼吸，将气徐徐送到腹部脐下，但还要尽量保持自然，不要强行向下压气，同时将身体重心降到合适的高度。这样就能保证身体松沉、稳固。

（2）呼吸与肢体运动相配合。基本的原则是开吸合呼，起吸落呼。如手挥琵琶，当后坐抬手时，两臂微微上抬且两臂微外展，这时要吸气；紧接着虚步合手时，两臂相合要呼气。起势中两臂慢慢向前抬起时，要吸气。起势和收势中按掌的动作要呼气。但并不是所有的动作都要遵循这个原则，因为套路中动作转换比较频繁，如仍拘泥于以上呼吸规律，势必造成呼吸短促。随着动作与呼吸配合的深入练习，可灵活掌握呼吸的长短，深浅节奏，逐渐形成有机自然的配合。

（3）难度动作的呼吸，如右蹬脚和左蹬脚的举腿动作。做这类举腿动作时应调整好呼吸，先凝气于一点，集中神气于动作的突出部位，可使姿势撑展、身型稳健、动作沉着。接下来落脚时要徐徐地呼气。

（4）低势动作的呼吸。如海底针，要采用腹式呼吸，通过横膈膜上下运动使气自胸部下沉丹田，这样腹部充盈，胸部宽舒，身体重心下降，从而达到根基稳健。

传统文化欣赏

内外合一

“内外合一”是中国武术的个性特征之一，在进行24式太极拳教学时也要达到“内外合一”。“外”指的是形体、姿态的练习；“内”指的是思想、意念（精、气、神）的练习。

在教学中应首先让学生对太极拳的技术有初步了解，再进行内外合一的整体练习。也就是说先能够熟练完成全套练习，外形上做到形似，再经过反复练习，使精神贯注到每个细小的动作中去，用意念引导动作，动作结合呼吸，达到“意到身随”全身协调的目的。如“倒卷肱”一式，初学时，掌握动作的外形，当动作熟练了以后，讲解动作的攻防含义，接下来想象意念引导动作运动。最后，在套路演练时要精神集中、饱满，神情自然，并与动作协调配合，达到内外合一。

练习题

1. 24 式太极拳中有哪些手型？

答：24 式太极拳中有拳、掌、勾三种手型，其中掌为主要手型。大部分的双手手型均为掌，其中一部分动作的一只手为掌，另一只手型为勾或拳。

2. 练习 24 式太极拳时手型应注意什么？

答：在练习 24 式太极拳时，允许掌型因手臂动作的影响而发生手指弯曲程度的轻微改变，但是在动作完成时，必须达到规格的要求，使掌型既放松又舒展。勾型和拳型均由掌而变，又要还原为掌，在变化时手指动作要自然，速度要随整体动作一致，不可突然捏勾或握拳，还原成掌时也不可突然松开手指。

3. 24 式太极拳中有哪些步型？

答：24 式太极拳中的步型主要有并步、平行步、弓步、半马步、虚步、丁步、独立步等。

4. 24 式太极拳中有哪些步法？

答：步法是步型与步型之间移动和转换的下肢动作。在 24 式太极拳中，步法主要有上步、跟步、退步、侧行步、摆步、扣步、碾步等。

5. 24 式太极拳有哪几种腿法？

答：在 24 式太极拳中仅有“蹬脚”一种腿法。

6. “野马分鬃”是什么步型？

答：24 式太极拳中“野马分鬃”的步型是“顺弓步”，但是两脚跟之间的横向距离要比其他“顺弓步”宽。

7.“野马分鬃”中两脚之间横向距离为什么要稍宽？

答：主要是因为“野马分鬃”动作的手法是斜横方向用劲的分掌，两脚跟之间的横向距离稍宽有利于手掌用劲，符合该动作攻防含义的要求。

8.“搂膝拗步”中的拗步是什么步型？

答：“拗步”是指武术中异侧手臂在体前的步型，与之相反的是“顺步”，即同侧手臂在体前的步型。

9.“搂膝拗步”“左右穿梭”为什么两脚之间横向距离要稍宽？

答：因为这两个动作中向前的“单推掌”均要借助后腿蹬伸和上体拧转来助力，两脚之间的距离稍宽有利于增加上体的拧转幅度，便于推掌时整体动作协调地进行。

10.“搬拦捶”“揽雀尾”“单鞭”“双峰贯耳”“闪通臂”“如封似闭”的弓步两脚之间横向距离为什么要稍窄？

答：因为：①这些动作的用力方向均为身体的正前方，弓步稍窄有利于集中身体动作的力量。②顺弓步动作两脚之间的距离稍宽会造成整个动作“松散”的感觉。③这几个动作上体的动作均无大的异向拧转，对腰胯的牵动不大，没有必要加宽横向距离来增加上体拧转幅度。

11. 24式太极拳中用脚尖点地的“虚步”应注意什么？

答：应注意：① 支撑腿要屈膝坐髋，支撑身体的重量要体现“实”。

② 前脚尖点地时要微收髋，这样便于脚尖点地体现“虚”。

③ 要注意上体的正直（“海底针”除外），在整体动作上

体现虚步的“虚实分明”。

12. 24式太极拳中用脚跟点地的“虚步”应注意什么?

答：脚跟点地的虚步在24式太极拳中仅在“手挥琵琶”中出现一次。要注意：①在上体正直的前提下，将“虚”腿的髋关节微前送。②要自然上翘脚尖，不要用力勾。

13. “云手”的“侧行步”怎样平稳地移动重心?

答：① 侧行步时上体要垂直略向后靠，使身体重心偏后，这样可保持膝髋关节的稳定。这是平稳移动身体重心的前提。

② 加大侧行步的步幅，使身体重心左右平移的距离也加大，并有意识地体会支撑腿的用力感觉，以此强化平稳移动身体重心的能力。

14. “独立步”的支撑腿应“微屈”到什么程度?

答：一般练习者练习“独立步”时，支撑腿膝关节的弯曲应以本人感到自然，并能松稳地保持身体的平衡为宜。

如果练习者为了提高动作的质量或准备参加比赛，支撑腿则要注意自然伸直，以膝关节稍有“曲度”为好。

15. “揽雀尾”中两掌向前推的动作为什么叫“按”?

答：这个动作过程中，双掌由前向后再向下至腹前为双按掌，由腹前向前推为双推掌。因其攻防含义是用双手向下“按防”对方的进攻，并“按”着将对方推出，故称之为“按”。

16. 24式太极拳中哪几式在转换时有“扣脚”的动作?作用是什么?

答：①“左揽雀尾”接“右揽雀尾”时扣左脚尖。

②“右揽雀尾”接“单鞭”时扣右脚尖。

③“单鞭”接“云手”时扣左脚。

④“双峰贯耳”接“转身左蹬脚”时扣右脚尖。

⑤“左下势独立”和“右下势独立”的下势独立之前，左右脚尖各扣一次。

⑥“闪通臂”接“转身搬拦捶”时扣左脚尖。

⑦“十字手”时左右脚各扣一次。

扣脚的作用是通过脚尖内扣来调整腿的姿势，便于过渡到下一式的动作。

17.“起势”“收势”中“平行步”的身体重心应是怎样的?

答：在练习起势和收势时身体重心应该是：

首先，两势均应将身体重心保持在两腿的正中间。

其次，在此基础上，屈膝“平行步”的身体重心应当稍偏后。

18.“揽雀尾”的“掤”和“野马分鬃”在动作上有什么区别?

答：①“野马分鬃”两脚之间横向距离要比“揽雀尾”中“掤”的两脚之间横向距离大。

②“揽雀尾”中“掤”的前手臂高与肩平，而“野马分鬃”前手的高度与眼平。

③“揽雀尾”中“掤”的用力方向是向身体的正前方，而“野马分鬃”的用力方向是向斜前方。

19. 做“揽雀尾”的“按”时，前脚尖翘起多高合适?

答：首先要明白，“按”的前脚尖上翘是为了使身体重心尽量后移，所以在练习时应做到：

① 前脚尖不能上勾，要自然地被身体重心后移带起。

② 不能因翘脚尖致使前腿膝关节挺直，一定要以自然放松为度。

20. 做“揽雀尾”的“按”时上体总后仰是怎么回事？怎样纠正？

答：后仰原因：

① 身体重心向后移动时，后腿没有收髋。

② 双手由前向后下落时，两肩僵硬，造成手臂不能后收而引起上体后仰。

纠正办法：

① 注意后腿收髋和上体的平稳向后移动。

② 在练习“按”动作之前，躯干不动，只是以肩为轴反复练习“按”的上肢动作。

21.“单鞭”的方向应如何把握？

答：“单鞭”的方向应是前方偏左约 15°。

因为“单鞭”动作开始时，为了改变练习的方向，右脚内扣了大约 90°，这样右腿的姿势使得左胯必须向左侧方展开才能协调地完成上步，使“单鞭”的下肢动作达到自然、和谐、稳固。

22. 怎样纠正“云手”时身体重心上下起伏？

答：① 在练习“云手”时，上体要保持正直并略向后靠，使身体重心在侧向移步时偏后，以加大腿的负荷来避免向上站起。

② 在“云手”时适当加大侧行步的步幅，增加身体重心

移动的距离来强化身体重心平移的感觉，以此来提高保持膝关节固定角度的能力。

③ 适当地站桩对纠正“云手”时身体的上下起伏也有一定的作用。

23.“云手”时怎样做到松腰、松胯？

答：松腰、松胯是练习太极拳的要领，要做到这一点，练习者应首先正确掌握“云手”的身体动作。

松腰、松胯的前提是全身要注意自然放松，在此基础上再注意腰部略向后凸，臀部微向前敛，两膝微向外撑开。

24. 怎样提高“蹬脚”的高度？

答：① 在练习24式太极拳之前或之后，练习俯腰下压，正、侧压腿，以及踢腿等腿部柔韧性基本功，提升股后肌群的柔韧性。

② 适当练习连续的慢速提膝或控腿，提高髋关节肌肉的力量。

③ 在练习24式太极拳套路中的蹬脚时，有意识地向高蹬脚，并略控一下，但注意上体不要后仰。

25. 怎样纠正“蹬脚”时的身体后仰？

答：主要加强腿的柔韧性（如压腿、踢腿等）和髋关节的力量性（如提膝站立和连续提膝等）练习。

另外，初学者做“蹬脚”时也可将腿蹬得低一些，但须注意上体不要后仰，不要急于求成。

26. 练习“双峰贯耳”怎样使两臂成弧形？

答：①“双峰贯耳”的正确手臂动作应是两臂的肘关节要

自然弯曲，使手臂呈现自然的弧形。

② 双拳贯出时小臂要微内旋，两肩要有意识地松沉，这样的手臂弧形既美观又符合贯拳的攻防含义。

27. 练“海底针”时怎样避免低头和凸臀?

答：首先，应明确太极拳的身形与躯干为一整体，做“海底针”时的上体动作与躯干肢体微向前俯，但不要臀部外凸和低头向下弯腰。其次，加强练习“虚步站桩”等腿部的力量练习，也是预防这种错误动作的有效方法。

28. 怎样搞清“转身搬拦捶”的运动路线?

答：此动作难点之一在于“搬”和“拦”的运动路线比较复杂，可以这样记忆：“转身搬拦捶”的“搬”是沿立圆路线运行的动作；“拦”是沿平圆路线运行的动作。

29. 24 式太极拳各手法之间转换的上肢动作是什么手法?

答：在 24 式太极拳套路中的每种手法之间，均由两臂摆转的动作予以转换衔接，依据这些动作的运动方式，可将其归为“拖抱掌”和“绕摆掌”两种。正是因为有这两种转换和过渡的掌法，太极拳的手法才能够具有连贯圆活、连绵不绝的特点。

第三章　太极拳探研

本书所讲的太极拳是指目前广泛流传的杨式太极拳。杨式太极拳始于其祖杨露禅，成于其孙杨澄甫。杨式太极拳是太极拳的主流，太极拳的代表。

杨式太极拳有许多独创，尤其是“吐纳术”和“导引术”的融入，使原来的拳术发生了根本的变化，将武术从传统的技击术转化到现代的健身上来，开创了一个武术健身的新领域，同时保留和发展了原来的武术风韵。

我们的祖先很早就发现生命在于运动。运动增强了人体的机能，提高了人体的素质，太极拳更是中华民族对人类文明健康的伟大贡献。世界上很少有一项体育运动能像太极拳那样赢得如此众多的锻炼者。不但男女老少皆可参加，许多视运动为禁区的疾病患者也被吸引，并且获得了良好的效果。

达尔文的进化论告诉我们，人体的功能不用就萎缩、退化。缺乏运动会导致整体功能的衰退，整体功能的衰退又影响人体的健康。太极拳的运动方式使人们找到了一个对待疾病的积极态度。至今有无数的事实反复地证明了太极拳的健身功效。

几乎所有的运动都会使人感到疲劳，唯独太极拳是个例外。太极拳能够解除疲劳，提振精神。尽管身体在运动，但又似乎在休息，所以练习太极拳是一种积极的休息方式。

太极拳具有调整作用，其对称平衡的力量，使人体内应力分布均匀，从而将人体调整到一个最佳状态，给人体的新陈代谢创造了一个良好的内部环境。虽然一套标准的太极拳套路运动量是不小的，但是心跳、气喘的现象却不明显。练习太极拳时，人体的各个系统处于动态平衡状态。

生理状态和活动功能相依相存，相互促进。长期以来人们一直探索着用各种方法来提高自身的体质。药物可以提高人体的机能，但往往有一些不良反应，且有损人体的健康。人体在运动时体内的循环、呼吸等系统跟不上运动节奏，就会出现呼吸局促，心跳加快。供和需发生了矛盾，矛盾过大将会产生不良的结果。

武术是力量的艺术，想要达到理想的运动效果，练习时必须符合人体的生理状况即平衡稳定的状态。以太极拳为代表的中华武术蕴藏着丰富多彩的内外结合的技巧，研究和开发武术与生理的关系可以达到生理为武术服务、武术为生理服务的双向效果。正是这个关系的研究与开发，使太极拳从中华民族的各类武艺中脱颖而出，独占鳌头，成为举世闻名的健身、防身瑰宝。太极拳发现呼吸是连接外环境与内环境的桥梁，太极拳从呼吸着手，使动作与呼吸相配合，开创了一套中华民族的健身法。

第一节　太极拳的呼吸

呼吸是生命活动的一个重要环节。中国人发现呼吸是一种运动，可以用来锻炼身体，由此开创了一种独特的体育运动形式，从而发明了太极拳和气功。

如何利用呼吸来锻炼身体呢？我们先从一个具体的事例说起。医生在抢救触电者或溺水者时进行人工呼吸，有一种人工呼吸的方法叫举臂压胸法，让病人仰卧在地上，医生跪在病人身前，有规律地摆动他的双臂进行吸气和呼气。这个事例说明，手臂运动可以对胸腔产生力的作用，可以改变胸腔的容积。反过来，胸腔的扩展与收缩即呼吸也会对肢体产生力的作用。

静下心来仔细体察呼吸，你会发现吸气时胸腔扩张，横膈膜下降，有一股向四周扩散的力量。如果姿势恰当、无阻碍的话，这股力量可以传递到达指尖、脚跟和皮肤表面。就像皮球打气一样，直达整个球体表面。呼气时胸腔收缩，横膈膜上升形成一股向腹部中心汇聚的力量，如同皮球放气，整体向中心收缩。将这股力量与四肢运动联系起来，就是太极拳的动作与呼吸相配合。可以这样说，太极拳用呼吸的方法，扩大人体自主呼吸的容量，锻炼提高自主呼吸的机能，保证人体氧气的供应。动作与呼吸相配合必须遵循先由动作带动呼吸，待动作熟练、体会深切之后，才可以由呼吸带动动作，最后实现呼吸与运动自然结合、自由结合。

太极拳四肢运动是呼吸运动的扩展与放大，这不仅避免了运动时呼吸与动作的抵触和矛盾，而且扩大了肺活量、降低了肺的残余气量，增加了心脏的负压，帮助静脉血的回流，使心脏能够得到充分的营养，让人感到很舒服。每天练习一次太极拳，一整天都不会有胸闷的感觉。气体的压强是均匀的，均匀扩散，均匀收缩。因此太极拳的动作也是均匀的。吸气时，四肢顺着呼吸的力量均匀地展开，四肢的力量与呼吸的力量一致，形成合力让肺充分张开。呼气时，四肢顺着呼吸的力量汇拢，让肺充分收缩。一吸一呼形成拳术上一个完整的动作，太极拳中称为一“开”一“合”。拳术上吸气用来积蓄力量，呼气用来释放力量。太极拳在动作设计上使吸气路程较长，时间较长，呼气路程较短，时间也较短，让吸入的气体在肺内有充分的停留时间。如果要发力就迅速吐气，这时呼吸产生的力量将是很大的。若再加上发声，让吐气更加彻底，产生的力量更大。动作与呼吸相配合，呼吸的节奏决定了动作的速度，这就是太极拳动作缓慢的根源和本质。

一套88式的太极拳所需要的时间，大致上可以等于你在柔和的蛙式游泳中88次吸气和吐气的时间（加上过程中的一些调整的时间）。太极拳被称为内功，是因为太极拳像气功一样锻炼的是呼吸。气功是静下来锻炼呼吸，太极拳是动起来锻炼呼吸，因此有人说“太极拳中有气功”。太极拳这套健身法是以锻炼呼吸系统、循环系统为主，肌肉运动为辅。其生理过程正如人工呼吸一样，先帮助你呼吸，由呼吸促动心跳，让你动起来。这是一个由内而外的过程，这与启动肌肉运动刺激循环系统，促进呼吸系统由外而内的过程正好相反。

动作与呼吸相配合加大了横膈膜的下降幅度，迫使肠胃跟着起伏蠕动，这既促进了消化又帮助了排泄。练习太极拳可以促进食欲，肠胃通畅。横膈膜下降幅度增加，使腹部产生受压感，这是由呼吸产生的感受，故有“气沉丹田”之说。在练习太极拳的过程中吐气会使人产生清净之感，口内生津。

第二节　太极拳的反作用力

自然界里，任何运动都是力作用的结果。人们往往只注意作用力的作用和效果，而不注意反作用力的作用和效果。其实反作用力与作用力一样领域宽广，一样效果显著。

当你在运动时，你是否想过运动的反作用力在哪里，反作用力指向何处，反作用力又作用于何物呢？为了方便起见，我们用动量平衡定律来说明反作用力的作用下产生的运动。

在平静的水面上，人站在小船上，人与船组成了一个整体。人往前走，船就往后退。炮弹装在炮身里，形成了一个整体，炮弹飞出，炮身就后退。飞机在天空中，气向后喷，飞机向前行。这些都是在同一个整体里发生的反作用力的效果。这些事例中，船受人的影响而运动，炮身受弹的影响而运动，飞机受喷气的影响而飞行。人显然是一个整体，你是否想过人站在大地上，什么东西可以受手的影响而运动呢？这就是太极拳所研究的内容——通过四肢运动让内脏受到力的作用，让内脏动起来。

人的五脏六腑隐藏在身体内，浸泡在体液中，在身体内的位置相对固定，物理状态相对静止，似乎很难受到外力的作用，很难运动。其实不然，手臂运动，尤其是手掌运动，不但可以找到它对应的平衡体，而且改变手掌的轨迹还可以改变其相应的平衡体，使其相应的平衡体受到力的作用并产生运动。太极拳外动与内动同时进行，相互呼应，既注意作用力的效应又注意反作用力的效应。随着太极拳姿势一个一个地展开，人体内部受到周期的拉伸与挤压，血液循环得到促进，这就是太极拳的内功之“内”——由外部运动带动内部运动，让身体内部也运动起来。

第三节　太极拳的力量

在日常生活中，人们习惯用手来完成各种动作，因此，很容易把手臂肌肉的“紧张”与“用力”联系起来，而往往忽略腿部的力量。腿的力量是很大的，腿担负着支撑人体、移动人体的重任。腿的锻炼机会又最多，锻炼的大腿平时在移动人体时，既自然又轻松似乎是不用力的。

太极拳注意发挥腿部的力量。大腿是主要发力部位，动作的力量主要来源于大腿。手仅起辅助作用，手的动作是根据技击的要求，组成技击的姿势，达到技击的目的，手的力量仅是一个分力。太极拳要求将大腿的力量传递到手臂，与手臂的力量组成合力。太极拳中所谓的“劲”就是合力，是人体整体肌肉协同作用的结果，是多股力量的合成，这和局部肌肉的紧张感受完全不同。所谓腰腿劲就是主要依靠大腿移动人体进行撞击的力量。发力时一般跨出一步，腾出距离进行发力。手臂力量要叠加在大腿力量上，两股力量要同时到达作用点，拧成一股劲。

可以用古代的战车来比喻腰腿劲：大腿好像拉动战车的战马，身体好像战车的车身，手臂好像武士舞动的兵器。战马是主要的动力，战车冲向对方，控制攻击方向，兵器完成最终搏击。无论武士多么强壮，武士的力量与战马的力量相比，终究微乎其微。所以，手指是做成形状，显露意图和目的，这就是“用意不用力”。虽然手的力量居次要地位，但是也要利用起来。手的力量要叠加上去，尽可能使组成的合力达到最大值。在腰腿劲的基础上，再加上呼吸的力量，这就是“开合劲”。

“开合劲”是三力合一，即腰腿、呼吸、手臂三股力量拧在一起同时到达作用点，并且必须同时到达。如果不能同时到达，一方面作用力不能达到最大值，另一方面初到的力量改变了原有接触点的位置，作用的效果就大相径庭了。

第四节　太极拳姿势的检验

太极拳中有句名言叫作“牵动四两拨千斤”，这是指太极拳的一个方面，是太极拳的技巧。太极拳的另一个方面是力量，综合运用人体的力量。拳经曰：“其根在足、发于腿、主宰在腰、形于手指。”用物理的语言来讲就是脚为支点、腿为力点、腰为控制点、手为作用点的一幅发力图。

尽管人体重心位置会随着运动姿势的变化而变化。但是人体结构的对称性和太极拳对称平衡的理念始终将人体的重心保持在腰部。太极拳就是以腰为运动中心的平动和转动的组合。转动以人体重心为圆心；平动以人体重心为中心，以人体重心为轴心。人体运动时不需要克服自身重力所产生的力矩，动作显得轻松灵活，受到反作用力时会产生最大的平衡力矩以保持自身的稳定。

在平时锻炼时，如何来确定姿势是否正确呢？我们可以用牛顿第三定律——相互作用的两个物体之间的作用力和反作用力总是大小相等，方向相反——来判定，你的姿势发力是否遵循这条力量的传递途径。方法是，在作用点上，即你的手上，逆向施加一个反作用力，如果你感到肩部受力，那你就是肩部发力；如果你感到腰部受力，那就是腰部在发力；如果你感到脚跟受力，你就成功了，你全身的力量都统一起来了，你能够调动全身的力量，力量形成了一个整体，发力时能够将全身的力量集中到一点。受力时，能够将所受之力分散到全身，达到了太极拳的要求。

太极拳是依靠结构将全身的力量组合起来形成合力，因此姿势很重要，精确度要很高，否则会差之毫厘，谬以千里。

第五节　太极拳的圆弧运动

做一个实验。取一根绳子，将其一端系上一个小石块，另一端拿在手中。用手挥动绳子，让石块在空中旋转，你会感到绳子上有力。这不是绳子发出的力，绳子本身不发力。

练习太极拳也是这样。手臂上有力，手臂上的力是腰发出的，让手作圆弧运动的力，不是手臂肌肉发出的力量，这个力就是上述实验中绷紧绳子的离心力。离心力是沿着半径向外的，太极拳双手的力量又是对称的，对拉拔长对称的离心力可以帮助手臂肌肉的伸长和姿势的开展，让人体内部放松。什么是“放松”？“放松”不是不用力，而是锻炼的结果，是一个由紧到松的过程。我们知道肌肉在受力时，可以有一定程度的伸长，但是当引起伸长的外因消失后，它就立刻恢复原状，这是肌肉本身的弹性。放松就是通过锻炼，增加肌肉伸长的幅度，提高肌肉的弹性，让关节之间骨架之间的伸缩距离有所增加。舞蹈演员又松又软的筋骨是艰苦锻炼的结果，太极拳也是这样，“松”是锻炼出来的。一旦肌肉拉长，关节之间的距离增加，“沉肩坠肘”“松腰松膝”也就实现了。“沉肩坠肘”“松腰松膝”不但改善了身体（躯干）与四肢的组合角度，建立了力量传递的结构，而且降低了关节对四肢活动的牵制，从而扩大了四肢的活动幅度和范围，为动作的灵活性和多样化创造了条件。

沿半径向外的离心力还驱使血液到达手指指尖。利用离心力拉长肌肉，放松关节驱使血液到达手指指尖，在通臂拳中表现得最为明显。通臂拳中的挥手，即手臂做快速圆周运动，一会儿手臂就有细微的伸长，同时手掌充血、发红、发胀、发麻、发热。只是通臂拳过于激烈，乃为纯技击考虑，而太极拳柔和得多，利于健身。

驱使血液到达手掌的另一个方法是“坐腕伸指”。“坐腕伸指”就是张开五指让手掌平面与前臂成直角。“坐腕伸指”能够拉长手腕肌肉，锻炼手腕放松。初练时，由于手腕肌肉的拉长，手腕会感到很紧张。时间长了，手腕肌肉弹性好了就会感到松了。也就是说“松”练成功了。“坐腕伸指”也可以将血液吸引到手掌上来。这两个方法加大了手掌血液的流量，使血液循环更加完全、充分，因此长期练习太极拳的人手掌血液充沛，手掌颜色红润。

第六节　太极拳的凸曲面与凹曲面

乌龟有很大的负重能力，用重物压在它的背壳上，或者干脆站上去，再来看乌龟壳有没有压碎？没有，龟壳并没有被破坏。乌龟壳之所以吃得起重物的压力，并不是因为组成龟壳的物质有特殊的抗压能力，根本的原因是龟壳的形状。力学上有一条极其有价值的原理：决定某一物质的牢度，除了构成物质本身的强度外，还有一个重要因素，那就是它的几何形状。什么样的几何形状最能够受力呢？对于受外力来说，凸曲面形最好。乌龟壳、蚌壳、蛋壳都是这样的几何形状。现代建筑学上的薄壳顶结构也是这样的形状。凸曲面能把外力沿曲面均匀地分散开来，在很大程度上避免了弯折现象。鸡蛋不容易捏碎，龟壳不容易压碎，就是这个道理。

凸曲面的背面是凹曲面，与凸曲面的情况正好相反，凹曲面便于力量的集中。太极拳外部是凸曲面，内部是凹曲面，从姿势结构上保证了既能承受外力，又便于自身力量的集中。那么如何组成这样的结构呢？

太极拳用“沉肩坠肘”使手臂组成这样的形状。

太极拳用“含胸拔背”使躯干组成这样的形状。

太极拳用“松腰松膝”使两腿组成这样的形状。两腿组成的形状如同拱形桥，稳固地支撑着人的身体。三个部分组成整体的圆弧形状。从外表看处处都是平滑的弧线，无一处有棱角。姿势的转换是圆弧的吻接，一个一个圆弧将各个姿势连成一个整体，形成了太极拳“连绵不断，一气呵成”的特色。

人体内部由骨骼支撑，皮肤包裹着液体。凸曲面的外形，使人体内部的血液也沿着凸曲面分散开来，均匀地分布到皮肤的表层，渗透到毛细血管中。

第七节　太极拳的运动量

将一罐水端到炉子上，一会儿水开了成水蒸气。将一罐水放进冰箱里，一会儿水结成了冰。无论水变成了气体还是固体，都有一个能量（在这里是热量）积聚和能量释放的过程。这个过程需要时间。事物有一个从量变到质变的过程，只有积累了一定的量，才能发生质的转变。

太极拳有个时间效应，也就是说练习太极拳必须有充分的时间保证。杨澄甫是根据几代人的实践精心编制了杨式太极拳。虽然在这套太极拳中姿势有重复，但这是必须的。这是要达到锻炼效果的数量保证，是不能削减和简化的，否则就不能达到预期效果。水仍然是水，尽管放在炉子上加热，火候不到就不会变成水蒸气。同样，放在冰箱中的水，如果时间不足也无法变成冰。完成一套杨式太极拳从起势到收势应该为 30 分钟左右。如果当天只练一次则时间应略加长。如果当天练习两次，则第二次时间自然会有所缩短。因为经过第一次锻炼之后，肌肉和关节都已适应了运动状态。同样的道理，一日练习三次，则第三次的时间会更短。

满足了时间条件后，还应当满足质量条件。质量条件就是姿势要尽可能正确。姿势正确取决于两个因素：第一是模仿正确，第二是理解正确。有人称太极拳为内功，意思是许多东西不是依靠外形模仿而能达到的。

练习太极拳最好能达到微量出汗，微量出汗为最佳状态。太极拳动作均匀、速度均匀、运动量均匀。随着运动量的累积，出汗也均匀。利用太极拳进行一次皮肤的排泄，发挥皮肤排泄的功能，能达到良好的效果。长期练习太极拳的人，皮肤既清洁又有光泽，气色很好，这就是太极拳的美容功能。

此外，要注意出汗后的保暖和干燥，避免汗液蒸发吸收热量而着凉。

第八节　动中求静

一只电感器加上一只电容器就可以组成一个振荡电路。人体也像是一个电世界，人体可以组成一些振荡电路。

首先，脉动的血管就像一个电感线圈。血液是一组带电的离子，而且血液的平均 pH 大于 7，正离子多于负离子。从电学的角度看血液的流动就是电流，随着心脏周期性的舒张和收缩，动脉血流出，静脉血流入。血液的流动就像是周期性变化的交流电，可以用傅里叶级数对其波形进行分解。动脉与静脉交汇处，尤其是皮肤和接近皮肤的地方，可以作为电容的极板，空气是电容的介质。由此，可以画出以人体为材料，空气为介质的等效振荡电路。其实，人类早就在画这些“等效电路”了，气功和太极拳就是画这些电路的“专家”。就地而立，人体像是一只等效电感，头顶和脚掌为电容两个极的极板。盘膝而坐的人体仍是一只等效电感，头顶和臀部为电容两个极的极板。手掌伸出去，人体还是一只等效电感，手掌和脚掌为电容的两个极板。

触电的感觉是发麻，练太极拳也会出现麻的感觉，这是对电磁的感受。人体能够发射电磁波，但人体的电磁波很微弱，信号和信号之间可以相互作用。

人的社会化使人的敏感性越来越弱，生存所需要的自然活动和社会活动更压抑了人的敏感性。“动中求静”就是要静下来体察人所蕴藏的功能，静态下思维的脑电波能够与动作一致，静下来才能有所体察，正如在都市中白天听不到的声音到了深夜就十分清晰。

第九节　推手浅说

双人推手是太极拳的补充和深化。太极拳是单独练习的基本功，推手是拳艺的互相交流和切磋琢磨。虽然推手仅是掤、捋、挤、按四个姿势的反复循环，但是太极拳的功夫全部可以融会进去，并且衍生出许多锻炼内容。

首先是培养听劲。所谓听劲就是锻炼皮肤对力的感受。人体的皮肤包裹全身，是面积最大的感觉器官，对触觉、冷热、干湿、痛痒反应灵敏。皮肤有很大的能耐，中医就是通过对皮肤的按摩、推拿、针灸、拔火罐等方法达到治疗的目的。推手用力的作用是提高皮肤的机能，增加皮肤的敏感性。推手同时运用视觉和触觉两个感觉器官，对神经系统也是一个很好的锻炼。

有了感受之后就是理解，随着经验的积累能够逐渐获取对力的认识；感受接触点力的作用，进而懂得力的意图、力的分布、力的变化，认识自身的不足和对方的缺陷，滋生“知己知彼”的能力，这就是懂劲。接下去就是变化。在双方互相力的作用下，锻炼自身力量的分散、集中和转移，让全身活起来像舞蹈演员一样，身体每一点都会动。一旦受力，凭借锻炼出来的皮肤知觉和身体活动能力，立即将力量分散、转移、逃逸，让对方落空。太极拳不是“兵来将挡，水来土掩”的正面冲突对抗，而是“左重则左虚，右重则右杳”。也就是说，左面受力左面就撤退，右面发起进攻。右面受力，右面就撤退，左面发起进攻。功夫精湛、训练有素者更可以运用力偶的原理，将受力通过旋转回击到对方去，这就是太极拳的化劲。

练习太极拳，身体会活动变化很重要。身体只要稍微活动变化一下，接触点就移动了，这不仅能够破坏对方的发力姿势，使发力大打折扣，而且改变了力的方向，自身所受的也只是一个分力了。

推手要求与对方始终保持接触，你进我退、你退我进，锻炼维持接触点的压强恒定不变，这就是太极拳的黏劲。黏劲获得了接触点，接触点既是触觉感受信息的来源，又是可以施加力量、破坏对方姿势或实施控制的地方，还可以用作发力时的进攻点。太极拳就好像一个车轮，尽管车轮前进、后退、左转、右拐奔跑万里，但是它的力量始终来自轴心，车轮的外缘与轴心相对静止。太极拳也是这样，尽管手舞足蹈，但是它的中心在于腰，腰始终是它动作的“轴心”。腰与四肢相对静止。这就是太极拳的掤劲。掤劲是维持形状的力量，是维持结构的力量，就好像捏鸡蛋不碎，因为蛋壳有抗力。

推手还可以用来锻炼发力和受力。锻炼发力时组织合力将全身力量集中于一点、一个方向。受力时保持姿势不变，将对方的力转化为自身弹跳出局的功，受力而不受伤。在外力的作用下，弹跳是一种振动，它帮助你体内的力量分散和放松，对习练功夫、锻炼身体都有很大的好处，如同母亲喂育婴儿，故太极拳中称之为喂劲。

推手是力量的游戏，很有趣也很好玩。其内容很丰富，这里只作一点初步的介绍。

第十节　解读“虚领顶劲”

一个姿势只有一个最佳作用点。经验丰富的拳手一看对方的姿势或动向，甚至微微流露出来的意向，就可以知道对方的打击点。这与军事家看了对方的兵力部署和调动情况就可以知道对方的意图一样。正确判断了对方的姿势后，就可以避开对方的打击点，同时将自己的目标对准对方的要害。而受到威胁的对方会立刻避开，重新建立自己的打击点。双方周而复始地变换，反复循环，这就是我们所看到的活步对峙。一旦出现一方的变换速度跟不上另一方，就是另一方实施出手打击的时机。在活步对峙中所表现出来的机灵和专注，就是太极拳称为“虚领顶劲”的精神状态。所谓“虚领顶劲”就是集中注意力，视觉、听觉、触觉所有感觉器官都调动起来，积极搜索信息。人处在对着目标，拉弓满月一触即发的临战状态。

太极是只圆，动作是圆弧形。“虚领顶劲”规划出一个范围，这就是精神能够感觉得到、动作能够照顾得到的范围。如同军事上的一张火力网，太极拳部署的是一张笼罩对方的椭圆形并企图实施控制的网。随着功夫的增长，手脚活动幅度变大，这张网也会张大。在双人对峙中谁的网大谁就是“如来佛”，谁的网小谁就是“孙悟空”。如果动作出现棱角，变换困难，那就是网破了，连“猪八戒”也不如了。其实，成熟老练的拳手一看对方的状态就可以知道今日的胜负，根本没有必要拼个你死我活。

太极拳不主张先下手为强，而是崇尚后发制人。因此在中华民族的武术宝库中，太极拳不是矛而是盾，是一张聪明的盾，优质的盾，有效的盾。

活步对峙是变化速度的竞争，变换速度取决于两个因素：一个是动作的速度，即手、脚、身体的敏捷度；另一个是动作的幅度，即动作完成所需要的过程。针对对方的打击，不要先逃之夭夭，再卷土重来。虽然这看起来进退分明，但是效果不佳。实际上，对于对手的打击只要擦肩而过、擦点而过就行。紧贴锋芒，锋芒一过就乘虚而入，这就是太极拳的思想。因此变化越小越好，路程越短越好。变化越小离对方越近，实施反击所需要的时间越短。对待进攻采用半个圆，前四分之一避让，后四分之一反击。避让与反击平滑地连接起来，半径越小，功夫越高。

第十一节 “米字格”

我们在初练毛笔字时，常用米字格来规范我们的字体。在初练太极拳时也可以用一些线条、图形来规范我们的姿势。

第一条是垂直线。除极少数弯腰动作（如“海底针”）之外，整套太极拳动作从头顶到会阴始终在一条垂直线上。这条垂直线是身体的参照线。以这条垂直线为基础，既不要挺胸凸肚，也不要弯腰曲背。弓腿时腰拔直，身体与这条垂直线重合。坐腿时身体微屈，头顶与会阴的连线仍然是一条垂直线。此时，脊柱如弓，连线如弦。

第二条是水平线。练太极拳时身体下沉，身体的高度下降 5%～10%，视你对运动量的要求而定。下沉少些运动量小些，下沉多些运动量大些，下沉幅度确定后腰的水平位置也确定了。腰始终在一条水平线上，波动不能超过 2 cm，这 2 cm 是为了发力时身体下沉借助重力同时提高稳度。腰的波动超过 2 cm，身体传递出来的力量就漂浮，方向不定。

水平线也是手肢的参照线。腕关节在水平线上，肩关节应比水平线低 1 cm，以保证手臂与身体的角度大于 90°。这个几何形状既能充分传递力量，又不容易出现弯折。肘关节比水平线低 2 cm，这 2 cm 是为了保证以腹式呼吸为主，胸式呼吸为辅。肘关节高于肩关节就要造成以胸式呼吸为主，腹式呼吸为辅。胸式呼吸抬高人体重心，拳家称为“气浮”。肘关节还要水平向外移 1 cm，也就是说包括肩、肘、腕三个关节的手臂从上向下垂直方向看是一条近似于直线的弧线。从外往内水平方向看也是一条近似直线的弧线。这向外移动的 1 cm 很重要，它解除了自下向上数第三根肋骨呼吸时的活动阻力。这样做会使呼吸时胸口感到很自由，很轻松。

“米字格”的规范姿势如下：

男子与女子的体型不同。男子以两肩内侧，女子以两肩外侧为宽度画一个宽长之比为 1 : 2 的长方形。两足就站在这个长方形对角的两个顶点上，形成太极拳的弓步步法。再画一条长方形的中线，我们就可以规范弓步步法了。无论是弓腿还是坐腿，前腿的投影一定要始终在这个长方形的一条边上，脊柱的投影一定要在中线上。这样移动身体的力量才能与手肢的力量一致。弓腿时前腿膝盖的投影要到达脚掌中心。后腿基本伸直，膝盖处有 1～2 cm 的曲度。坐腿时前腿基本伸直，膝盖处有 1～2 cm 的曲度。

这个长方形不但决定了姿势的底面积，使你有一定的稳度，而且给了你一定的幅度，使你可以发挥移动身体的力量。这个长方形如果宽度窄了就会左右不稳，如果长度短了就会势能不足，如果宽度阔了就会纵向无力，如果长度长了就会换步困难。

这个长方形是个标准。老年人锻炼身体可以步子小些减少运动量，年轻人练功夫可以步子大些加强基础锻炼。但也要因人而异。

太极拳可以参照“米字格”，身体平面应活动在正面、90° 侧面、45° 斜面三个平面上，手肢或与身体平面垂直，或与身体平面平行重合。

第十二节　太极拳与太极图

长久以来太极拳与太极图似乎有着不可分割的联系，许多太极拳家也用太极图来解释太极拳。

太极图是以黑白两个鱼形纹组成的圆形图案，俗称阴阳鱼。以往太极是中国古代的哲学术语，意为派生万物的本源。太极图形象化地表达了阴阳轮转、相反相成是万物生成变化根源的哲理。它与太极拳的联系主要体现在以下四个方面：

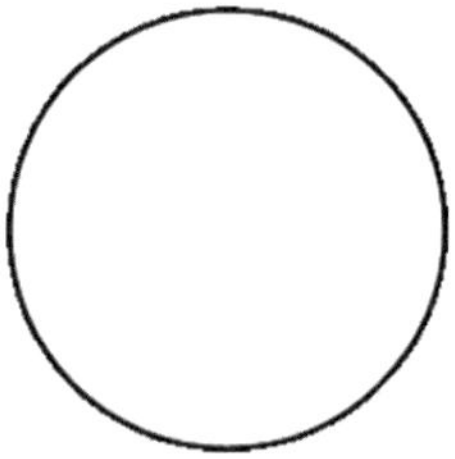

图 3-1　空心圆

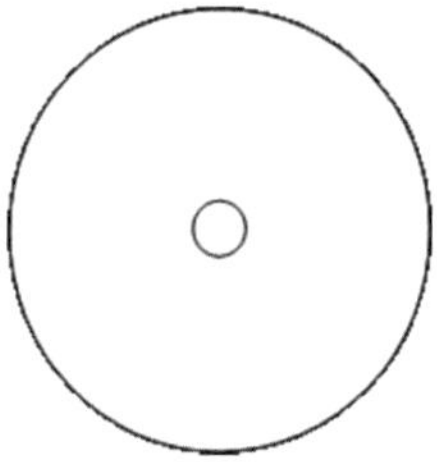

图 3-2

图 3-1 是一个空心圆，标有文字“无形无象，全体透空”，表明万事万物从无开始，即所谓“太极者，无极而生”。相对于太极拳来说，这是用来描画太极拳的起势，说明准备练习太极拳的开始状态、预备阶段。练习太极拳要求抛开一切社会生活带来的牵挂和思虑，回归自然。人和自然融为一

体，倾听自然界的韵律和节奏，享受自然界的恬静和安逸，与大自然同步。这个空心圆清清楚楚、明明白白告诉人们，太极拳不仅是一项体育运动，而且是心灵境界的培养和精神状态的锻炼。练习太极须心静如水，心平如镜，无欲无求。

图 3-2 是在空心圆中画出了一个空心的小圆。这意味着在平静的心态下和稳定的环境中，寻找并发现自身的中心。这个中心是运动的源泉，是一切运动的出发点。

以这个中心为圆心旋转就出现第三个图案（图 3-3），一个 S 形将圆分成两半，一半白，一半黑，黑中有白，白中有黑，此消彼长。这显示了太极拳是以此为圆心旋转出来的圆弧运动，体内状况如鱼在水中摇头摆尾的 S 形。阴、阳表示动作有主、有次，有虚、有实；虚中有实，实中有虚；虚实相互变化，由虚变实，由实变虚。

图 3-3

图 3-3 中黑白对称，说明太极拳动作不偏不倚，有上必有下，有前必有后，有左必有右，上下对称平衡，前后对称平衡，左右对称平衡。

中国文字是根据形状创造的象形字，太极阴阳图也是太极拳运动体内状况的写照。